Cuando el carácter se vuelve difícil con la edad

Claudine Badey-Rodriguez
Rietje Vonk

CUANDO EL CARÁCTER SE VUELVE DIFÍCIL CON LA EDAD

Cómo ayudar a nuestros padres
sin morir en el intento

dve
PUBLISHING

Colección dirigida por Bernadette Costa-Prades.

Si supiera que iba a morir mañana,
hoy plantaría un manzano.

MARTIN LUTHER

Traducción de M. F. Vega.

Diseño gráfico de la cubierta de Bruno Douin.

Ilustración de la cubierta de Jesús Gracia Sánchez.

Título original: Quand le caractère devient difficile avec l'âge.

Introducción

¿Nuestra madre nos atosiga cinco veces al día por teléfono? ¿Nuestro padre no deja de criticarnos? ¿Ambos se quejan de que nadie va a verlos, aunque los visitemos todos los domingos? Al hacerse mayores, el carácter de los padres a menudo se vuelve difícil. Acorralados entre el afecto que les profesamos y la irritación que nos provoca su comportamiento, a menudo nos sentimos invadidos por la culpabilidad o la rabia, malas consejeras... Verlos envejecer remueve emociones en el niño que llevamos dentro. Su deterioro físico y el abandono de la vida laboral acarrean a veces resentimiento, tristeza, ensimismamiento o pesimismo. ¿Cómo plantar cara a esta nueva situación? Este libro no presenta recetas mágicas, pues las situaciones familiares y sus interacciones son múltiples, pero al comprender mejor los resortes que están en juego en la relación que tenemos con nuestros padres, encontraremos las herramientas para reaccionar en las situaciones críticas y acompañarlos con serenidad en el camino hacia la vejez.

Capítulo 1

El momento de la jubilación

Algunos adultos pueden considerar la jubilación como el primer paso hacia la vejez. A veces sucede que, justo en ese momento, el carácter de los padres comienza a cambiar...

¡Viva la jubilación!

A menudo, cuando nuestros padres comienzan a hablar de su jubilación, es cuando nos damos cuenta de que están envejeciendo. La mayoría de las veces hablan de este momento con agrado y alivio, pues tienen la sensación de que van a lograr un descanso bien merecido, sobre todo si han desempeñado un trabajo pesado y poco valorado, o también si los últimos años de actividad han sido especialmente difíciles (miedo a no estar a la altura, lucha encarnizada de los más jóvenes que ponen a los veteranos en la puerta de salida...).

Por lo tanto, aunque estén en plena forma y griten a quien quiera escucharlos: «¡Viva la jubilación!», aunque todavía dispongan, a sus sesenta y cinco años, de un precioso tiempo por delante, no cabe duda de que esta brusca salida del mundo laboral marca una ruptura. Y, como toda ruptura, requiere un profundo reajuste. Hay un «antes» y un «después» de la jubilación...

Una etapa delicada

Cuando se ha sido fontanero, cirujano o periodista durante toda la vida, no resulta tan sencillo unirse a la gran cohorte de jubilados, una tribu que ya no tiene en cuenta su estatus precedente. En nuestra sociedad se tiende a asimilar a las personas con su profesión, a identificarlas por su oficio. La pérdida de una función social bien definida obliga a cada uno a volver a posicionarse: se pierden el poder y la gran familia que constituye el gremio de la profesión. Basta con oír hablar a los jubilados de su antiguo oficio, a menudo con orgullo, para valorar la aflicción que supone este parón en la actividad. Cuando este momento se vive en un clima de decepción y de frustración hacia la empresa, o cuando es más impuesto que planificado, las condiciones psicológicas no son muy favorables para encajarlo con serenidad. Por lo que respecta a quienes están demasiado implicados en su trabajo, sin desarrollar así otros focos de interés, no les resultará fácil verse inactivos de la noche a la mañana. Los largos días que se presentan, sin obligaciones precisas, pueden ser muy angustiosos cuando uno lleva más de cuarenta años levantándose a las siete para dirigirse a su trabajo. ¡Y ahora resulta que eso que nuestros padres han perseguido durante toda la vida ya no lo desean! En realidad, cada uno reacciona de manera diferente: algunos consideran este nuevo tiempo libre como un preciado tesoro, y lo aprovechan para salir, hacer deporte o inscribirse en todo tipo de asociaciones; otros se ahogan en un pozo de obligaciones asociativas. Hay incluso algunos jubilados de este tipo que declaran con satisfacción: «¡No tengo ni un minuto para mí! ¡Es aún peor que cuando trabajaba!». Estos últimos han asimilado bien los dictados de la sociedad que sólo valora al joven:

¡uno es joven mientras se mantiene activo! Y de la actividad a la sobreactividad no hay más que un paso. Puesto que la inactividad hace pensar en el aburrimiento y puede conllevar una imagen del paso de los años que produce rechazo, generalmente tras este frenesí por llenar la vida se esconden muchas angustias. Finalmente, otros jubilados viven esta nueva etapa bajo el sello del abatimiento. La adaptación real a esta nueva situación suele llevar un año largo. La fase de descompresión forma parte del proceso y muchas veces resulta necesaria para encontrar nuevos ritmos, nuevas costumbres, y para constituir nuevas relaciones. Los equilibrios de la vida son misteriosos, y ¿quién sabe cómo van a reaccionar nuestros padres ante una situación desconocida?

Qué sucede con los amigos

El paso a la jubilación también conlleva un cambio en las relaciones sociales y de amistad: se terminan las charlas en el bar y las pausas ante la máquina del café... Desaparece todo un modo de vida. Seguramente, nuestros padres conservarán los lazos que los unen a los compañeros de oficina que han acaba-

do siendo sus amigos, pero, si estos continúan traba-
jando, los diferentes ritmos de vida los alejarán
bastante. En cuanto a los amigos que también se
jubilan, o los que ya estaban jubilados, el hecho de
verlos con asiduidad no tiene por qué ser necesariamente positivo. Así, los encantadores señores
Martínez, a los que veían una vez al mes, pueden
revelarse como unos auténticos pesados... o unos
invasores que se presentan cada día a la hora del
café. Y como las bases de las relaciones de amistad
se forjan durante la vida laboral, se hace necesario,
a partir de ahora, aprender a establecer nuevos
lazos. Esto es especialmente importante porque en
este momento de transición las relaciones sociales
pueden escasear, y se corre el riesgo de que la soledad y el aislamiento se instalen subrepticiamente.

La pareja se resiente

Estudios realizados sobre la jubilación muestran que
las parejas deben encontrar un nuevo equilibrio en
esta nueva situación, y que los matrimonios que se
divorcian en el momento de jubilarse son cada vez
más numerosos.

Cuando el carácter se vuelve difícil con la edad

Mientras que antes de jubilarse la pareja, en general, sólo se ve por la noche y los fines de semana, y cada uno dispone de espacio y tiempo para sí mismo, ahora resulta que la mayoría de las veces están juntos las veinticuatro horas del día. Así, nuestra madre, que ha peleado toda su vida con nuestro padre porque no hacía nada en casa, ahora tiene la sensación de que este invade su territorio porque ha ido a hacer las compras o se ha puesto a fregar. Por otra parte, nuestro padre descubre que ella lo irrita porque está siempre cansada y nunca quiere salir. Los problemas de comunicación ya existentes salen a la luz. El corte marcado por el trabajo bastaba muchas veces para alejar las dificultades. ¡Resulta más difícil hacer borrón y cuenta nueva cuando el otro está delante continuamente! Además, los temas de discordia no faltan. ¿Cómo ocupar el tiempo? ¿Pueden emprenderse tareas por separado? ¿Qué hacer con el dinero? ¿Qué relaciones hay que mantener con unos y con otros, familia o amigos? Nuestros padres también pueden buscar a los demás para hacerlos partícipes de la nueva situación, ¡y en particular a nosotros! Este momento a menudo reclama una reorganización completa de las relaciones, y a veces puede causar problemas.

¿Nuestro padre insiste para que nuestra madre salga? Lo mejor es no ponernos de su parte diciendo: «Mamá, ¡podías hacer un esfuerzo!». Podemos escucharlos y ocasionalmente aconsejarles que hablen entre ellos, abiertamente, pero nunca hacer que se incline la balanza ni de un lado ni del otro, aunque tengamos nuestra opinión sobre el tema.

Si realizan muchas actividades en común, la experiencia demuestra que los conflictos se resuelven a menudo mucho mejor cuando siguen teniendo ocupaciones por separado. Los podemos animar a hablar sobre el tiempo que pasarán juntos y el tiempo que tendrá cada uno para sí mismo. Les podemos sugerir también que delimiten su territorio en casa, y que cada uno disponga de un espacio propio. También podemos expresarles el deseo de encontrarnos con ellos de vez en cuando por separado (si se desea, está claro), con el fin de tener una relación cara a cara con cada uno, y no únicamente entre parejas.

El atractivo de la juventud

Con el transcurso de los años la identidad sexual puede verse dañada: se tiene la sensación de ya no ser deseable; ya no se es un hombre o una mujer, sino un jubilado. El culto a la juventud que reina hoy en día no facilita mucho las cosas: a lo largo de la vida, uno primero es calificado como jovencito o jovencita; luego se es un hombre o una mujer «de cierta edad»; a continuación, un cincuentón o una cincuentona, antes de pasar al grupo indiferenciado de personas de la tercera edad.

Para escapar de su malestar y del hecho de estar en casa todo el día, tal vez nuestro padre sienta la necesidad de ir a «mirar» a otra parte. Para huir del espectro del envejecimiento, por miedo a perder una parte de su virilidad con la edad, algunos hombres tienden a elegir acompañantes más jóvenes, para así intentar mantenerse jóvenes también ellos. A menudo comienzan con una crisis en la mitad de la vida, una etapa en la que se producen muchas separaciones. La relación con una mujer joven les puede dar confianza en sí mismos, pero también aumentar su ansiedad: ¿y si no están a la altura? Aunque en ese momento viven una segunda juventud, ¿qué ocurrirá al cabo de diez años, con la diferencia de edad con su compañera?

En las mujeres, este fenómeno se observa con menos frecuencia, tal vez porque socialmente todavía está peor visto, pero las cosas evolucionan también para ellas. Sea como sea, evitaremos atribuir a una crisis de la edad toda infidelidad de una persona de más de sesenta años. Nadie tiene derecho a poner edad al amor verdadero. La constatación de que nuestros padres todavía tienen poder de seducción puede molestarnos: para nosotros, desde hace un tiempo, son los abuelos de nuestros hijos y punto. Ya no estábamos acostumbrados a plantearnos el tema de su sexualidad; incluso podíamos llegar a pensar que no era cosa de su edad.

Capricho pasajero o relación más estable que puede llevar a su separación: se trata de un tema de pareja en el que no debemos intervenir. ¿Qué podemos saber del motivo que los ha conducido a esa situación? La jubilación, al materializar el paso del tiempo, puede llevar a algunas personas a tomar decisiones que antes nunca hubiesen tomado. Como hijos, no tenemos derecho a tomar partido por uno o por otro, al igual que no nos gustaría que ellos se metieran en nuestra vida sentimental...

No olvidemos que sus problemas de pareja y su vida sexual no nos incumben, y debemos recordárselo amablemente al que se haga la víctima y quiera llevarnos a su terreno. Pero si uno de los dos se siente solo, puede estar sufriendo y eso debemos entenderlo. Así, podemos prestarnos a escucharlo y ser comprensivos, pero sin entrar en el campo de batalla.

Una crisis necesaria

Etimológicamente, la palabra *crisis* viene del griego *krisis*, es decir, «decisión», lo que significa que nada podrá continuar como antes. Desgraciadamente, hoy en día se evita el hecho de pensar en esa necesidad de cambio; se hace todo lo posible para pasar el trance. Sin embargo, no hay que dejar de cuestionarse cosas; es inútil negar la evidencia. Hasta ese momento, han podido sortearse las preguntas sobre el sentido de la vida: uno se levantaba por la mañana para ir a trabajar; pasaba los fines de semana en familia; se iba de vacaciones para descansar; si discutía con su pareja era debido al estrés de la vida cotidiana y a la falta de tiempo... Podía buscarse en lo externo al culpable de lo que se hacía o se dejaba de hacer: «Estoy demasiado cansado para hacer deporte», «No tengo mucho tiempo para los demás, pues tengo muchas responsabilidades». A partir de ahora, es la persona que se jubila quien debe dar sentido a lo que hace, a lo que decide, a sus relaciones, a su vida actual; debe pasar del papel social a reconocer su propia identidad, y aceptar el hecho de que el tiempo pasa. Eso implica mirar cara a cara a la realidad, y tomarse un tiempo para una verdadera reflexión con uno mismo. Es el momento de detenerse y hacer balance de la vida pasada, de la experiencia socioprofesional, de la vida como hombre o como mujer que se ha llevado hasta ese momento. El momento de la jubilación es un tamiz, y hay que aprender a pasar de un estado a otro y aceptar el cambio de vida que conlleva.

En esta nueva etapa de la vida resulta realmente importante que nuestros padres revisen sus valores, pero conviene que el duelo no sea sólo por lo que ya no volverán a ser, sino también, y a veces esto es más doloroso, por lo que les hubiese gustado ser. Solamente una vez digeridas las desilusiones pueden emprenderse otras competencias. Esta reconversión puede llevar de varios meses a uno o dos años.

¡Cuidado! Periodo de riesgo

Algunas veces, ese malestar que conlleva la jubilación sólo se expresa mediante síntomas físicos; estos pueden tomar la forma de una retahíla de pequeños achaques, con su comitiva de lamentos, pero también pueden revelarse como enfermedades mucho más graves (cáncer, enfermedades cardiovasculares...), que se desarrollan insidiosamente. Está estadísticamente probado que en la actualidad hay un aumento real de las enfermedades en los dos años que siguen a la jubilación. Hay quienes se enfrascan impetuosamente en actividades, como si nada hubiese cambiado: para ellos, basta con continuar como antes, sólo que con un poco más de tiempo para sus aficiones. Pueden aparentar que todo transcurre sin problemas, pero tras las apariencias a veces se esconde otra realidad, a menudo inconsciente. La jubilación supone un cambio demasiado importante como para que pueda asimilarse con ligereza e indiferencia, y no puede trampearse durante mucho tiempo con las emociones: es probable que quienes quitan importancia al cambio que viven tengan una cita, más tarde o más temprano, con su mentira. La enfermedad y las quejas físicas son entonces sostenidas por una misma necesidad inconsciente de encontrar una razón para sufrir: como no se llega a superar ni a expresar el sufrimiento psicológico, se cae enfermo. La enfermedad expresa lo que no puede decirse: «Prefiero estar enfermo que asumir todas estas pérdidas; cambio mi papel de trabajador por el de enfermo. ¡Por lo menos, sigo siendo alguien!». Para reducir estos riesgos, hace falta una auténtica preparación para la jubilación, y algunas empresas ya contemplan esto para sus empleados. Esta preparación es interesante si su objetivo no sólo es hacer que los futuros jubilados reflexionen sobre lo que van a hacer en su tiempo libre, sino también ayudarlos a la construcción de un proyecto de vida. La preparación para la jubilación consiste en encontrar un propio modelo de funcionamiento que sustituya a todo aquello que nos ha estructurado durante muchos años; supone también aprender a llamar a las emociones, compartir las inquietudes con los demás, poner al día los valores que siempre se habían querido desarrollar y, con todo esto, sentirse menos solo antes de abordar ese salto en la vida. Para la mayoría, tras unos meses de incertidumbre, la ganancia en tiempo y en libertad bastará a menudo para compensar las pérdidas. A otros les costará un poco más encontrar los beneficios.

¡Magnífico! ¡Se ocuparán de los niños!

Cuando nuestros padres se jubilan, podemos vernos tentados a aprovecharnos de ello, en el buen sentido de la palabra. Ahora que tienen tiempo, pueden cuidar de los niños, acompañar a nuestro hijo adolescente a su clase de *hip-hop* los miércoles, cortar el césped y llenarnos la despensa. Después de todo, andamos agobiados, y ellos pueden ayudarnos, ¿no?

Si bien algunos padres pueden estar encantados de ejercer de forma regular su papel de abuelos, es posible que otros se muestren algo más reacios y no quieran encerrarse en esa función de «mamá mermelada» y «papá jardinero». Tal vez deseen disfrutar de ese nuevo tiempo libre a su manera, aunque de vez en cuando les guste llevar a nuestros hijos al cine o ayudarnos en algo. Encerrarlos únicamente en la categoría de abuelos significa olvidarnos de que son antes que nada un hombre y una mujer, con sus propios deseos y proyectos. Si transmitimos a nuestros padres que de ahora en adelante deben representar sobre todo su papel de abuelo y abuela, que es su deber, es posible que se lo tomen a mal y que se vuelvan algo desagradables. Si creemos que hemos enfocado las cosas de esta forma, debemos arreglarlo con el siguiente planteamiento: ¿les gusta ayudarnos?, ¿tienen ganas de hacerlo o se muestran contrariados? Para conservar una buena relación con nuestros padres a veces es mejor continuar con las soluciones que se habían acordado antes de que se jubilaran.

¡Hola, somos nosotros!

¿Y si se trata de unos padres algo invasores, de esos que siempre han centrado todo en la familia? Desde el primer día de inactividad, correremos el riesgo de que se presenten en nuestra casa sin avisar para pasar su primera semana de vacaciones, es decir, su primer mes. Algunos, sin decir nada, parecen clamar, para culpabilizarnos: «Hemos trabajado mucho y ahora tenemos derecho a disfrutar de ti, de tu familia y de nuestros nietecitos». Es el momento de ser claros y de no dejarnos atrapar por esa espiral de culpabilidad. Si su presencia nos resulta pesada, mejor decirlo enseguida antes que esperar a que la situación se vuelva insostenible; en ese caso corremos el riesgo de decir cosas terribles a causa de los nervios. Es mejor explicarles con calma que estamos encantados de verlos de vez en cuando pero que nosotros tenemos nuestra propia vida de familia o de pareja; así, pueden venir todos los miércoles, cada quince días, una vez al mes... Nos corresponde a nosotros fijar esto hablando con ellos, y no a ellos imponer sus visitas bajo el pretexto de que es para ayudarnos. ¡Estamos en nuestra casa! ¿Y si nos proponen, con demasiada frecuencia, cuidar de nuestros hijos sin instalarse en nuestra casa? Se lo agradeceremos amablemente diciéndoles lo que apreciamos su ayuda, pero les explicaremos que también es importante que nosotros mantengamos una parte de nuestras obligaciones y que, por lo que a ellos respecta, así pueden conservar tiempo para sí mismos. Procuraremos no tratarlos con brusquedad para evitar menospreciarlos con frases como: «No necesitamos a nadie para ocuparnos de nuestros hijos». A veces, algunos abuelos quieren recuperar lo que creen que se perdieron con sus hijos (es decir, nosotros) y pueden vivir muy mal el ver que los alejan; si creen que les impedimos «rectificar», se sentirán frustrados. El hecho de tener esto en cuenta puede ayudarnos a repartir el pastel, considerando sus apremiantes demandas y nuestros propios deseos. En definitiva, puede ser el sentimiento de soledad, la falta de relaciones sociales o incluso los celos (inconscientes) lo que los lleve a mostrarse invasores. Envidian nuestras actividades, nuestras relaciones, y tienen nostalgia de su vida anterior. En este caso, tendremos que echarles una mano para que expresen su malestar si lo desean, y deberemos armarnos de una buena dosis de paciencia y diplomacia... ¡mientras esperamos que recobren la energía para conquistar otros territorios más allá de nuestra casa!

¡Lo sentimos! ¡Estamos en las Bahamas!

Por el contrario, algunos padres no paran. El último mes recorrían el Atlas; esta semana se van a las Bahamas. Y cuando regresen al redil será para lavar la ropa del viaje entre dos torneos de mus... ¡Y a nosotros, que esperábamos que nos ayudasen con los niños, nos cuesta disimular nuestra amargura! Seguramente estamos contentos de que se diviertan y disfruten su jubilación, pero, en el fondo, nos cuesta un poco aceptar su falta de disponibilidad.

Cuando el carácter se vuelve difícil con la edad

Siempre vamos justos de tiempo, nos cuesta hacernos cargo de todo, nos vemos siempre en un problema cuando uno de nuestros hijos se pone enfermo, estamos estresados... Y ellos no hacen más que hablarnos de su fantástica excursión. Incluso podemos llegar a pensar que, si nos dedican tan poco tiempo, es porque no nos quieren demasiado... Entonces, nos vienen a la memoria viejos recuerdos: el día en que nuestro padre se olvidó de venir a buscarnos al colegio, el espectáculo de baile al que nuestra madre no pudo asistir porque no encontró tiempo... Las emociones afloran, y el niño que duerme en nuestro interior se rebela. El tiempo que los demás nos dedican está simbólicamente asociado al afecto que nos profesan. Entonces, en nuestro interior, nos enfadamos con nuestros padres, a los que encontramos muy egoístas. Pero quizás es el momento de decirnos que no podemos forzarlos para que nos den lo que no tienen ganas de darnos, y que lo importante es que vivan la jubilación de la manera más satisfactoria para ellos. Hay ayudas acordadas de mala gana que son peor remedio que el hecho de organizarse solos... ¡como al fin y al cabo lo habíamos hecho hasta ahora! También puede ser que nuestros padres se encuentren en la fase eufórica de su jubilación, en la que quieren disfrutar de todo lo que no han podido hasta ese momento.

¡Moveos!

Puede suceder también que nuestros padres, una vez jubilados, no hagan gran cosa. Si siempre han sido bastante caseros y su vida parecía gustarles, no hay motivo para inquietarse, aunque eso nos ponga de los nervios y nos entren ganas de zarandearlos porque preferimos verlos activos, luchadores, abiertos a los demás. Nuestros padres no harán nada cuya semilla no estuviera ya en ellos. No van a volverse curiosos cuando todos sus intereses han girado siempre en torno al bricolaje y a la televisión. Tomarse su desayuno al sol leyendo el periódico, hacer punto, ocuparse del jardín, hacer chapuzas en casa...; todo esto no tiene por qué ser menos importante que ir de actividad en actividad. Por el contrario, si siempre los hemos visto activos y con curiosidad por todo, y ahora se quedan pegados a la tele, nuestra inquietud puede llevarnos a proponerles: «¿Por qué no te compras un ordenador? Así te enviaría mensajes y tú podrías navegar por

Cuando el carácter se vuelve difícil con la edad

Internet», «¿Por qué no te apuntas a un club que organice excursiones? Te iría bien andar un poco...». A veces podemos llegar a ponernos un poco nerviosos, porque nos gustaría disponer del tiempo que ellos tienen: «¡Ay, si yo estuviese jubilado...! ¡Ni te cuento todo lo que haría!». Pero, cuidado: ya hemos dicho que la jubilación implica necesariamente un periodo de duelo por la vida anterior. La inactividad de nuestro padre puede ser solamente la señal de que el cambio está a punto de producirse, de que necesita retirarse y tomarse un respiro para zarpar de nuevo. De nada sirve entonces bombardearlo con ideas, consejos, informaciones sobre las actividades propuestas por una u otra asociación; corremos el riesgo de reforzar el sentimiento de culpabilidad que tal vez ya experimenta al sentirse así. Podemos limitarnos a mostrarle nuestra empatía diciéndole, por ejemplo: «Ciertamente, no debe ser fácil esta etapa. Entiendo que te haga falta un tiempo para adaptarte». Aunque no responda, porque le resulte difícil hablar del tema, habrá visto que lo comprendemos. Expliquémosle que los hiperactivos que se han jubilado rápidamente, sin ninguna dificultad, sortean esta etapa de transición, pero a veces un par de años después experimentan una tristeza inexplicable, precisamente porque no se han tomado el tiempo de pararse a reflexionar en esta nueva etapa de su vida. Porque la gran pregunta al jubilarse no es tanto: «¿Qué voy a hacer con mi tiempo?», sino: «¿Quién quiero ser hoy?». Es una auténtica crisis de identidad, similar a la que se vive en la adolescencia o en la mitad de la vida.

Sin embargo, la jubilación mal vivida puede convertirse en resignación, terreno abonado para el aburrimiento y el ocio, donde uno se dedica sólo a matar el tiempo, y puede incluso que la depresión aceche. Si nuestro padre se pasa el día sentado en el sillón, con aspecto triste, sin ganas de nada y está siempre cansado, animémosle a consultar con un médico.

Nuevos valores

La forma en que se comportan nuestros padres una vez jubilados está ligada a los valores que han adquirido a lo largo de los años, a sus creencias sobre la vida y sobre la vejez.

¿Nunca se han dado caprichos? Esto es frecuente entre quienes se han volcado mucho en el trabajo y en el deber. Podemos tratar de animarlos a que se diviertan sin culpabilizarse. ¡Pero las creencias son resistentes! Si el trabajo y la actividad son valores esenciales a los que no son capaces de renunciar, las asociaciones tienen una gran demanda de competencias. Una antigua profesora podrá sentirse muy valorada ayudando a niños a hacer sus deberes; un viejo contable llevará con gusto las cuentas de un club de fútbol... La satisfacción por el trabajo bien hecho permanecerá intacta, independientemente de que se cobre por ello o no, y permitirá restaurar una imagen de uno mismo a veces alterada por la jubilación. Pero, incluso así, todavía tendrán que aprender a sustituir los valores anteriores por otros: la gratuidad frente a la rentabilidad, una cierta lentitud frente a las prisas, la sabiduría frente a la juventud. Con el precio de estos reajustes se aprende a envejecer bien. Y esto que será válido para ellos también lo será para nosotros.

Hablemos con ellos

Si presentimos que con la jubilación se avecina un periodo difícil para nuestros padres, podemos intentar hablar con ellos. Desde luego, todo depende de la relación: si nunca hemos hablado con ellos de sus problemas, si en nuestra familia no estamos acostumbrados a expresar nuestras emociones, ¡no está garantizado que este sea el mejor momento para comenzar!; sin embargo, si nos sentimos preparados para ello, podemos lanzar unos «globos sonda» para ver cómo está el terreno. Si juzgan que no debemos meternos en su vida, o si están demasiado mal como para reconocérselo a sí mismos, pueden mandarnos a paseo. Pero si la comunicación siempre ha sido franca y abierta, puede que tengan ganas de hablar de lo que los atormenta, aunque, como hijos, no seamos necesariamente los mejores interlocutores para esta tarea. Nos corresponde escuchar con tacto lo que puede abordarse. Planteando preguntas discretas y echando cables podemos ayudar mucho; simplemente el escucharlos es un auténtico apoyo, y el reconocimiento ante ellos de que este cambio radical puede ser difícil ¡ya es mucho!

Pistas que pueden darse

A menudo, las mujeres resuelven mejor esto: se atrincheran en casa y siempre tienen algo para hacer. Y como les ha costado mucho trabajo disponer de actividades para ellas solas, pueden apreciar este tiempo encontrado. Para los hombres, la pérdida del estatus social es más dolorosa. Si invitamos a nuestros padres a que expresen sus problemas, por poco que estas conversaciones sean auténticas, les daremos ocasión de relativizar las dificultades, y podremos evaluar con ellos lo que puede ser su nueva vida. Es el momento de evocar los viejos sueños: ¿nuestra madre no había dicho siempre que le gustaría pintar, pero que no tenía tiempo?, ¿no hablaba nuestro padre, hace unos años, de aprender inglés o portugués? Hay que hacer todo esto sin inmiscuirnos en su vida ni pretender gestionar su tiempo, lo que sería, seguramente, mal recibido. Podemos recordarles que no hay un modelo de jubilación feliz. El proyecto es una forma de ver el mundo, de situarse en el mundo más que de obrar o de moverse en este. Lo importante es recordar lo que les gusta más allá de su vida activa, de sus valores, de su carácter. Todos estos elementos permitirán valorar la situación. Y no debemos olvidar lo útil que puede resultar en este momento enviarles un refuerzo positivo: recordarles lo útiles que son, lo formidables que los encontramos (si lo pensamos así, desde luego...), cómo los necesitamos. ¡Nada como esto para que se sientan valorados en esta etapa de dudas!

Lo esencial

La jubilación es un periodo delicado para nuestros padres. Necesariamente conlleva unos reajustes, y, a veces, una modificación del carácter.

No debemos aprovecharnos de su nueva disponibilidad para transformarlos en canguros a nuestra disposición. También tienen derecho a disfrutar de la vida. ¿No paran y no quieren ocuparse de sus nietos? Nada les obliga a hacerlo...

Si nuestros padres parecen encerrarse en sí mismos, puede ser que necesiten este tiempo para digerir la nueva situación. Por tanto, no sirve de nada presionarlos.

Capítulo 2

La dificultad de verlos envejecer

La mayoría de las veces, el hecho de ver envejecer a nuestros padres nos altera. Cuanto más mayores se hacen, más trabajo nos cuesta verlos menos atrevidos que antes. Y a veces este cambio nos sumerge en un mar de preguntas personales...

¡Prohibido envejecer!

Sí, hemos leído bien. Esta exclamación es el eslogan de una conocida marca de cosméticos destinada a combatir las arrugas y los signos de envejecimiento: «Prohibido envejecer» señala la obligación de detener el tiempo, como si eso dependiera de la simple voluntad. ¿Cómo mantener la sonrisa en esta sociedad que ensalza en exceso los valores de la juventud y tiembla de miedo ante los efectos del paso del tiempo? ¿Cómo no sentirse culpable por no detener un proceso ineluctable como es el envejecimiento? En este contexto no resulta extraño que, cuando vemos a nuestros propios padres ralentizar su ritmo, mermar física o psíquicamente, ganar peso o encorvarse —en definitiva, no parecerse ya a los padres dinámicos que conocíamos—, el choque sea fuerte. En las sociedades tradicionales donde la figura del anciano está más valorada, donde la sabiduría reconocida por todos suple el sufrimiento de las carencias físicas, sociales, afectivas, la transición seguramente resulta más fácil. Pero, en la sociedad occidental, la respetabilidad de las personas ancianas y su experiencia no son tenidas en cuenta. Es peor todavía: se consideran superados, es decir, inútiles; son una carga para la sociedad e incrementan el déficit de la Seguridad Social. ¿Y queremos que nuestros padres estén alegres, simpáticos y sonrientes? Hoy deben mantenerse luchadores, sin arrugas, llenos de proyectos, de actividades, de viajes: no tienen derecho a abandonarse, a tener dolores, a quejarse... Están obligados a hacer como si fuese estupendo envejecer. ¿Para ser más felices? Seguro que no. ¡Para tranquilizar a la generación que viene detrás, ciertamente! Porque ese espejo que se va marchitando poco a poco ante nuestros ojos nos remite a nuestro propio envejecimiento, a lo que nos espera de aquí a unos años. Y eso no lo queremos ver, no queremos saber nada de este tema... Queremos verlos envejecer como nos gustaría hacerlo a nosotros mismos. En el cuerpo deteriorado por los años de nuestros padres creemos ver nuestro propio destino.

Confluencia de dos crisis

Cuando comenzamos a plantearnos la autonomía de nuestros padres (generalmente en torno a los setenta y cinco a ochenta años), las cosas pueden complicarse no sólo en el terreno material, sino también en el emocional. A menudo nos cuesta aceptar que nuestros padres son más vulnerables que antes, que ya nunca serán los protectores de antaño, aquellos a los que llamábamos cuando teníamos alguna preocupación. Hoy, son ellos los que solicitan cada vez más nuestra ayuda en el día a día. De pronto nos sentimos desbordados por ese cambio progresivo de papeles, y no estamos necesariamente preparados para aceptarlo, puesto que, en este momento, nosotros padecemos nuestra propia crisis de la mitad de la vida. Cuando nuestros padres comienzan a causarnos problemas, tenemos de cuarenta y cinco a cincuenta años, una etapa, para la mayoría, de replantearse cosas, en la que tomamos conciencia, a veces por primera vez, de nuestra vida y de que esta tiene un final. Nuestros padres son la última muralla ante la muerte. Luego, si todo sigue su curso natural, nos tocará a nosotros. Hay que añadir además que es la hora de hacer balance: «¿Qué he hecho con mi vida hasta este momento?», «¿Qué sentido tiene y qué ajustes debo hacer a partir de ahora?». Esto no implica una constatación definitiva, sino una pausa que nos permitirá actualizar los próximos años. Si, desafortunadamente, nuestros padres envejecen mal y nos dirigen continuamente su propio balance de fracasos sucesivos y lamentaciones («No he tenido una buena vida, sólo he recibido golpes»), si nos bombardean con sus decepciones en el momento en el que nosotros estamos en plena duda, nos desestabilizarán todavía más. Es como si nos «lastraran» el porvenir, con el riesgo de volvernos agresivos sin que nos demos cuenta.

Cuando el pasado vuelve...

El envejecimiento de los padres marca el momento en el que uno vuelve a veces sobre su propia historia. El pasado resurge. Tomamos conciencia de que a nuestros padres ya no les queda demasiado tiempo, aunque todavía tengan unos diez o quince años por delante. Esta evidencia tiene como consecuencia el hacernos revivir la relación que hemos o que no hemos tenido con ellos. ¿Qué nos han dado? ¿Qué carencias tenemos? Se instaura una especie de balance contable, con las correspondientes columnas de débito y crédito y, subyacentes, las mismas preguntas que nos atenazan: ¿he tenido los padres que me hubiera gustado tener?, ¿he recibido todo lo que necesitaba cuando era un niño? A menudo se desea levantar las liebres; recuerdos que se creían olvidados vuelven a la memoria, y percibimos que el hecho de evocarlos nos produce siempre un pellizco en el corazón. Se muestra una memoria a toda prueba con lo que parecen, a los ojos de un observador externo, detalles sin gran importancia.

Todo niño, aunque pertenezca a la mejor de las familias, lleva un bagaje de frustraciones, de heridas, de injusticias. Todos los golpes duros, o los que se

37

viven así, quedan registrados como actos notariales. Si en ese momento no hemos tenido la posibilidad de expresar nuestras emociones, esos sucesos corren el riesgo de cobrar una mayor importancia con el paso del tiempo: ese día en el que nuestro padre llegó del trabajo y olvidó preguntarnos si habíamos conseguido el diploma, o ese momento en el que nuestra madre nos humilló delante de una vendedora, en nuestra adolescencia, con sus comentarios fuera de lugar. La lista de heridas de la infancia mal curadas, de las emociones enterradas en lo más profundo, puede ser muy larga.

Pero si nuestra infancia no ha tenido nubes, si tenemos la sensación de haber recibido mucho amor, esta etapa no será necesariamente más fácil. En este caso, corremos el riesgo de sentirnos deudores, de tener miedo a no dar lo que hemos recibido y de sentirnos extremadamente culpables.

Por ello, podemos vernos tentados a gritar alto y fuerte nuestros reproches, así como también nuestro reconocimiento y nuestro amor, ya que aún estamos a tiempo, con el riesgo, si no lo hacemos, de sentirnos mal por ello eternamente, porque siempre se tienen cuentas que arreglar con la propia historia, como deudor o como acreedor.

Tentación de soltarlo todo

Por tanto, ahora que nuestros padres son mayores, ¿es el momento de decirlo todo, de hablar de pérdidas y fracasos? No necesariamente. Puede que pensemos: «Siempre tengo reproches que hacerles, y deseo hacerlo, pero no serviría de nada decírselo ahora. El tiempo ha pasado...». Esta es una actitud que podemos adoptar si es verdaderamente lo que sentimos y si eso no nos trastorna demasiado. Pero también puede ser bueno decir las cosas para sentirse por fin tranquilo. Si continuamos callados, correremos el riesgo de no tener nunca una relación auténtica. Si nuestros padres no nos dan lo que esperamos, tal vez es que nunca les hemos hablado de nuestras necesidades. Sólo debemos saber que no hay recetas mágicas ni consejos válidos para todos. Todo depende de la forma... El hecho de arreglar cuentas no significa necesariamente coger a nuestro padre y soltarle de golpe todos nuestros rencores, si antes nunca le hemos dicho nada. Debemos saber que la cólera, la tristeza, todas nuestras emociones nunca expresadas y siempre reprimidas cuando intentaban aflorar pueden exagerarse considerablemente con el paso del tiempo. Si se abre la caja de Pandora, se corre el riesgo de que todo explote y de causar daños irreparables. Cuan-do decidamos tener este tipo de conversación con nuestros padres, antes hay que valorar muy bien los riesgos y las posibles consecuencias: ¿qué espero obtener con este enfrentamiento?, ¿soy capaz de no alterarme o de no llorar?, ¿qué reacción puedo despertar?, ¿estoy preparado para aceptar todas las consecuencias?, ¿no corro el riesgo de hacerme todavía más daño si ellos no tienen la reacción que espero? Porque puede obtenerse el efecto opuesto al que se busca, y salir herido y enfadado para siempre. ¿Es realmente útil? Debemos valorar si seremos capaces de decir las cosas para que sean por fin entendidas, es decir, hablando de nosotros sin juzgar a los demás. Si hablamos de nosotros, de nuestros sentimientos y de nuestras necesidades, incitamos a nuestro interlocutor a que se centre en nuestras vivencias; si hablamos de él, lo juzgamos y lo evaluamos, puede sentirse herido y centrarse en su persona. También puede enfadarse y soltarnos, a su vez, todo tipo de reproches, culpabilizarnos y llorar acusándonos de querer matarlo, con lo débil que está...

Si estamos preparados para hablar de nosotros con tranquilidad, entonces sí, ambas partes podemos beneficiarnos con esta conversación. Nosotros nos sentiremos tranquilos y reconciliados con nosotros mismos; además, ayudaremos a nuestro progenitor a que se sienta en paz, y la relación se enriquecerá con esto. ¿Nuestras emociones son todavía demasiado fuertes como para que mantengamos la calma? En este caso, antes de discutir, será mejor que nos desprendamos de esa cólera con otros: podemos hablar del tema con un amigo o con nuestra pareja, que a menudo tendrán otra perspectiva más distanciada del tema. Es necesario quitarse primero la tristeza y la pena, y distanciarse para tomar conciencia de que, después de todo, no se va a avivar el fuego. Porque, efectivamente, pueden darse por saldadas las viejas quejas con el pretexto de que nuestros padres ya son viejos y de que el pasado está lejos... ¿Por qué no, si estas no nos dificultan la vida y no nos causan demasiado trastorno?

En fin, hay que saber también que existen otros métodos en vez de las grandes escenas para mandar a los viejos fantasmas del pasado a sus castillos: pueden escribirse. ¡Supone un verdadero alivio! El saneamiento del pasado puede ser labor de uno con uno mismo, con ayuda de la psicoterapia si los viejos rencores nos impiden disfrutar de la vida. Para reparar una infancia herida puede ser importante facilitar un espacio para la expresión de las emociones que nunca se han manifestado, con el fin de poder iniciar el duelo de esa relación que nunca tuvimos con nuestros padres.

Una salida: ¿perdonar?

Si no llegamos a expresar nuestro sufrimiento, podemos culpabilizarnos por sentirnos de tan mal humor ante unos padres debilitados por la edad. Tal vez nuestros allegados pretenden que entremos en razón: «¿Sirve de algo sacar a la luz viejos rencores? Después de todo, son tus padres y son mayores».

Algunos psicoterapeutas y expertos en relaciones humanas piensan que el perdón es una etapa necesaria para curar las heridas, sobre todo cuando se trata de nuestros padres. El peligro está en creer que basta con perdonar para caminar mejor, y cortar así la expresión de las emociones reprimidas. Con demasiada frecuencia perdonar significa «hacer como si nada hubiese ocurrido», cuando puede que sea necesario llorar, enfadarse con lo que nos está pasando. El recorrido emocional puede entonces llevarnos al perdón, pero no necesariamente. Seguramente, con la edad y el alejamiento, cuando se está en paz con uno mismo, pueden comprenderse algunas cosas: quizá nuestra madre se muestra incapaz de dar afecto porque ella tampoco lo recibió en su infancia, y a nuestro padre, que ha sido un hombre un poco agresivo, le pegaba con frecuencia un padre alcohólico... Sí, pueden encontrarse circunstancias atenuantes, pero tampoco se trata de excusarlo todo. Sólo nosotros sabemos realmente lo que hemos vivido... El perdón a unos padres que han hecho de nuestra infancia una etapa dolorosa, o que continúan ignorando nuestra realidad y nuestros sentimientos, y nos hacen responsables de todo lo que les sucede, no es imprescindible para vivir mejor. Las relaciones que mantenemos con unos padres que se hacen mayores es el resultado de toda una vida pasada. ¿Quién puede atreverse a juzgarla desde el exterior?

Deber de amor

Dicho así, resulta una carga pesada, una pizarra difícil de borrar. Cuando el pasado es demasiado doloroso, la única estrategia posible puede ser la de la evitación, con el fin de protegerse uno mismo. Algunos hijos quizá no sienten ningún deseo de mantener los lazos familiares. El afecto y el amor no se imponen: son el resultado de una serie de ataduras que van tejiéndose o destejiéndose con el paso de los años. De esta forma, vamos al encuentro de una idea muy anclada, que es la del deber de amor hacia los padres: ellos nos han dado la vida, así es que les debemos asistencia y reconocimiento. Pero cuando no queremos ocuparnos de nuestros padres, hasta el punto de que preferimos evitar verlos, es mejor decírselo. De todas formas, si actuamos de mala gana, ellos pueden notarlo, y las visitas no servirían nada más que para avivar los rencores de ambos lados. Pero cuidado: aquí también hay que medir la carga de culpabilidad que una decisión de este calibre puede acarrear. Es necesario saber si seremos capaces de asumir esta postura, si nos sentimos lo suficientemente fuertes como para resistir el juicio de los allegados bien intencionados que no quieren privarse de decirnos que podemos hacer un esfuerzo, que somos muy duros (es decir, que no tenemos corazón). Algunas veces, esta estrategia de evitación puede hacernos más daño que el hecho de visitarlos de vez en cuando. De ahí la importancia de valorar bien los pros y los contras: ¿culpabilidad por no verlos nunca o esfuerzo que hay que hacer para contenerse unos días al año? A cada uno le corresponde ver qué es lo mejor para él... o, en cualquier caso, lo menos malo.

Hermanos: el despertar de las rivalidades

Ponga o no ponga a la familia en crisis, el envejecimiento de los padres afecta a todos los miembros y modifica las relaciones en un mayor o menor grado. Aunque las relaciones entre hermanos tienden a normalizarse en la edad adulta, ahora corren el riesgo de enfriarse de nuevo cuando los padres comienzan a causar problemas... Es en este momento cuando tenemos que hacernos cargo de ellos o garantizar una mayor presencia en su vida cuando vuelven los celos. Cada uno considera que el otro obtiene más: «Cuidan más a menudo a los niños de mi hermana que a los míos», «Le han pagado los impuestos del año pasado, así que tiene medios»... Las comparaciones se suceden, y las rivalidades para tomar o retomar el primer puesto en el corazón de los padres marcan el orden del día. Parecía que habíamos aceptado no ser los preferidos, que las aguas habían vuelto a su cauce después de la etapa en la que mirábamos de soslayo los regalos de Navidad de nuestro hermano para saber si él estaba más mimado que nosotros, y no es así: volvemos a sentirnos celosos y envidiosos como en nuestros primeros años. ¿Por qué este retorno de los malos sentimientos? Porque, así como queremos arreglar cuentas con nuestros padres, tenemos igualmente la necesidad de reparar las injusticias que hemos sufrido, reales o imaginarias. Y hay que hacerlo rápido: ¡ya no nos queda demasiado tiempo! Para los psicoanalistas, esto es una reactivación del conflicto de Edipo: la dependencia de uno de los padres hace revivir el fantasma de que uno de los hijos dispone de ese padre para él solo. En una familia, cada uno de los hijos ha sido tratado de manera diferente por sus progenitores: inevitablemente siempre hay un hijo al que uno de los padres se ha sentido más cercano, porque se le parecía o tenía sus mismos gustos. Esto lo sabemos porque nosotros también, si somos un poco honestos, somos conscientes de que no tratamos a nuestros hijos de la misma manera, aunque pongamos la mejor voluntad del mundo. Pero en nuestra generación hacemos como el avestruz: sabemos bien que nunca seremos los favoritos, pero a pesar de todo...

Rivalidades mantenidas

El apoyo económico o psicológico de los padres a uno de los hermanos, como al que está en paro o al que ha tenido menos suerte en la vida, incrementa las peleas de todo tipo, y esto dejando a un lado el tema de las herencias, que puede ser la chispa que enciende la pólvora. El dinero que se destina a los demás (así como el tiempo) no tiene sólo un significado material: simboliza el amor que se les tiene. A veces son los propios padres quienes alimentan las discordias entre sus hijos adultos. A espaldas de unos y otros, malmeten, en ocasiones con mucha mala idea: «Tu hermano me ha dicho esto, pero no quiere que yo te lo cuente», «Tu hermana encuentra a tus hijos muy escandalosos»... Este sistema es bastante conocido: divide y vencerás. Al actuar así nuestros padres quieren ser los reyes de la familia. Tal vez socialmente ya no pintan mucho, pero en casa son ellos quienes vuelven a llevar las riendas, quienes orquestan las relaciones entre unos y otros; es una manera de estar en el centro de las discusiones, de valorizarse, de permanecer allí aunque no estén. Por ello, si nuestro hermano nos trae de cabeza sin que entendamos por qué, merece la pena detenerse y mantener una conversación franca. Si no escuchamos sus comentarios evitaremos la manipulación (esto es, siempre que nuestros hermanos estén de acuerdo...). Porque una familia es todo un sistema que se asienta en un equilibrio de fuerzas, y si queremos romper el juego de alianzas, nos arriesgamos a quedarnos solos. Cuando uno de los miembros del grupo intenta salir del círculo, a menudo hay una presión para volver a llevar al redil a la oveja descarriada. Y, si no se aclaran las cosas, podemos vernos inmersos en un sistema inconsciente donde puede resultar mejor para nosotros ser el favorito o la víctima antes que arriesgarnos a romper un equilibrio familiar conseguido después de mucho tiempo.

Distribución de las tareas

El problema de las rivalidades se agudiza cuando se trata de repartir las tareas entre los hijos, cuando uno de los progenitores se vuelve dependiente en mayor o menor grado. ¿Quién hará sus compras? ¿Quién rellenará sus impresos? ¿Quién lo acompañará al médico? A menudo es una de las hijas quien asume la mayor carga. Socialmente, la presión es muy grande para que esto sea así. También puede darse el caso de que esta quiera permanecer en el papel de persona formidable con la que mamá y papá pueden contar, aun a riesgo de sacrificarse. Para los psicoanalistas, además, el motor inconsciente de esta actitud es el miedo de caer ante los ojos del ideal materno, y la inhibición de toda hostilidad hacia la madre haciendo todo lo necesario por ella. Las reparticiones también pueden hacerse según criterios como: «Eres tú quien te haces cargo porque vives más cerca; tu trabajo es de media jornada; eres enfermera...». Pero las razones subyacentes a menudo son oscuras. Ocuparse de unos padres que envejecen remite a cada uno a sus valores de adulto y a su propia historia. Para evitar en la mayoría de lo posible los problemas, suele ser necesaria una reunión familiar entre hermanos. Esto no arreglará necesariamente todas las tensiones, pero podrá verse la posición de cada uno y podrán repartirse las cargas (aunque no sea de una manera equitativa, pero por lo menos de forma clara). Es lógico que sea quien tiene poder sobre las cuentas bancarias el que se ocupe de los papeles, pero no es tan lógico que sea también él quien haga las compras, limpie, se encargue de los paseos... Hay una situación que se repite bastante en las familias: al principio, uno comienza a asumir tareas para ayudar a los padres cuando estos todavía no necesitan un apoyo importante, pero estos se hacen cada vez más dependientes, y la necesidad de ayuda crece. «Naturalmente» es el hijo quien comienza a ver cómo crece su carga de trabajo, aunque la asuma refunfuñando. Todo queda implícito, hasta el día en el que la situación estalla.

Reunión familiar: modo de empleo

¿Hemos decidido hacer una reunión? Para que tenga éxito, hay que ser capaz de escuchar a los demás y tener en cuenta las sensibilidades de cada uno para llegar a un compromiso que sea satisfactorio tanto para los hijos como para los padres. No se trata de abrumarse de críticas señalándose los unos a los otros. ¿Somos nosotros quienes estamos en el punto de mira para ocuparnos de nuestros padres? Expresemos nuestro cansancio, nuestra debilidad para asumirlo todo, en vez de culpabilizar a los demás echando pestes: «Yo lo hago todo, y vosotros no hacéis nada», aunque sea cierto. Sin duda, ellos responderán mejor a esta petición de ayuda que a los reproches o a un programa riguroso de asistencia a los padres que queremos imponer. Lo importante no es arreglar cuentas, sino encontrar soluciones para descargarnos.

Lo esencial

Nuestra sociedad nos proporciona una imagen terrorífica de la vejez, que se asocia a una decadencia y no a una auténtica sabiduría, como ocurre en las sociedades tradicionales.

Nuestro propio miedo a envejecer nos lleva a aceptar mal el envejecimiento de nuestros padres. Es como si ellos nos pusieran delante un espejo en el que tememos ver el reflejo de nuestro propio destino.

Estamos tentados a querer arreglar cuentas antes de que sea demasiado tarde. ¿Es un buen momento? Quizá no.

A veces, la evitación es la única salida posible. En otros casos, es preferible mantener un mínimo contacto antes que romper definitivamente los lazos y correr el riesgo de vernos enfrentados a una culpabilidad demasiado grande.

Las rivalidades entre hermanos se despiertan, con la complicidad algunas veces de los padres. Intentemos no caer en esta trampa...

Capítulo 3

Para ellos es difícil envejecer

Se atraviesa otra etapa cuando nuestro progenitor siente cómo merman sus facultades. Debe aprender a sobrellevar esta pérdida, junto con todos los miedos que surgen paralelamente: miedo a la soledad y a perder la cabeza, inseguridad...

Aceptación del cambio corporal

No hace falta ser demasiado mayor para conocer los primeros síntomas de depresión asociados a la edad. A nosotros mismos, que nos ocupamos de unos padres que envejecen, tal vez ya nos molestan esas gafas que llevamos para la presbicia. Quizá miramos con desaliento las arrugas que se forman en nuestro rostro y ya recurrimos a la artillería pesada de los cosméticos «antiedad»... Estas señales anunciadoras del envejecimiento no resultan siempre fáciles de vivir.

Con la edad, el cuerpo cambia, lo que tiene como consecuencia que debe modificarse la imagen que uno tiene de uno mismo: ya nunca seremos como antes. Pero la vivencia de estos cambios es individual: algunos ya se sienten viejos desde las primeras arrugas, otras con la menopausia y otros al cansarse más o ver que sus músculos se vuelven más flácidos. Otras veces todo transcurre perfectamente hasta que hay un problema de salud o un episodio traumático que nos hace tomar conciencia de que las cosas ya no son como antes. Es cierto que hace falta una buena dosis de filosofía para aceptar el envejecimiento físico; esto ya no resulta fácil a los cincuenta o sesenta años, con lo que, veinte años después, no es de extrañar que la mayoría de las personas ancianas se quejen: «Estoy horrible. ¡Me cuelga el pellejo!», «Ya no puedo mirarme en un espejo... ¡Cuando pienso en cómo era!». Si nosotros ya no estamos muy contentos con nuestro envejecimiento, el hecho de oír con frecuencia que nuestros padres dicen que «no es fácil verse envejecer» puede llegar a irritarnos mucho, pues nos presenta la imagen de lo que nos espera en veinte o treinta años: en estos casos, podemos decirles que lo comprendemos, y pasar a otro tema de conversación. O, según lo que estemos dispuestos a desvelar de nosotros y dependiendo del conocimiento que tenemos de nuestros progenitores, podemos añadir que también empezamos a sentir lo mismo, y que les comprendemos perfectamente. Lo que sí es cierto es que no sirve de nada cortar de cuajo las quejas de nuestra madre diciéndole: «¡Pero si tú todavía eres muy guapa!». Si estamos preparados para abordar el tema con ella, es mejor que en un primer momento escuchemos su sufrimiento, la ayudemos a expresar lo que siente. Más tarde ya la podremos tranquilizar: «¿Te quejas de tus arrugas? A mí lo que más me impresiona es tu sonrisa, tu mirada brillante». Hablémosle de lo positivo para revalorizarla. Ensalcemos su personalidad, cuando físicamente se haya deteriorado mucho: «Tienes mucho sentido del humor, siempre tenemos ganas de escucharte cuando nos cuentas una historia». Estos piropos tranquilizadores son un verdadero regalo, con la condición de que se piense verdaderamente lo que se dice...

Cómo aprender a sobrellevar las frustraciones y las pérdidas

Nuestro padre ha querido ayudarnos a instalar la nueva cocina, pero al cabo de unas horas se detiene, agotado, y nos dice: «¡Ya ves que no valgo para nada!». Proponemos a nuestros padres que nos acompañen un fin de semana al campo, convencidos de que estarán contentos y eso cambiará sus ideas, pero ellos nos responden que nuestros hijos les fatigan y que luego necesitan tres días para recuperarse, y, además, que estaremos mejor sin ellos. En resumen: nos damos cuenta de que todo les resulta muy complicado.

Cuanto más envejecen, más se enfrentan a las frustraciones que se derivan de la merma de un buen número de sus facultades. Esto puede conllevar una pérdida de autoestima. Los psicoanalistas hablan de «herida en el narcisismo», entendiendo como narcisismo el amor que todo sujeto se profesa a sí mismo. Cuando la pérdida de facultades incide todavía relativamente poco en sus vidas, la mayoría se van acostumbrando, por fuerza, pero, por el contrario, cuando intervienen acontecimientos más traumáticos, nuestros padres cada vez llevan peor la aceptación de forma serena de su envejecimiento.

Para plantar cara a las renuncias que les plantea el paso del tiempo, pueden recurrir a mecanismos de defensa inconscientes. Algunas personas quieren negar el hecho de que han envejecido, y rechazan, por ejemplo, el aparato para mejorar la audición que necesitan. Otros se refugian en la regresión, y adoptan comportamientos infantiles, como el chantaje, los celos, el rechazo a ocuparse de sí mismos... El envejecimiento supone una larga crisis donde las pérdidas se multiplican: pérdida de un papel social, de las personas a las que se estaba unido, de algunas capacidades, de ciertas situaciones pasadas.

A diferencia de otras etapas críticas de la vida que desembocan en nuevas perspectivas, como la adolescencia o la crisis de la mitad de la vida, los beneficios de la vejez son mucho más difíciles de apreciar: ¿qué puede encontrarse de positivo? ¡No está muy claro! Aunque se hable de la famosa sabiduría de los ancianos, y aunque se crea verdaderamente en ella, ¿es suficiente? Cuanto más se avanza en la edad, más difícil resulta mantener el sentimiento de que tiene algo de útil, de construir nuevas relaciones, de descubrir nuevos centros de interés que puedan compensar lo que se ha perdido, lo que se quisiera hacer y ya resulta imposible. Por otra parte, si la vejez es una crisis que comporta riesgos, debe considerarse también su potencial de evolución, de cambios, de reestructuraciones. Todo dependerá de la forma en la que nuestros padres han aprendido a superar las dificultades a lo largo de su vida, a sobrellevar los duelos.

No sirve de nada intentar tranquilizarlos en esta etapa con frases del tipo: «¡Exageras! ¡Mira, todavía estás en plena forma para tu edad! Hay muchos que están mucho peor que tú. ¿De qué te quejas? No estás enfermo». Corremos el riesgo de culpabilizarlos por lo que sienten. Dejémosles que nos digan —si están preparados— lo deprimente que puede resultar el envejecimiento en algunos momentos. Aceptando reconocerlo les ayudaremos a abrirse camino. Pero si todavía están en la fase de negación, es bastante probable que rechacen toda conversación sobre este tema.

Ya no puede realizar sus actividades

¿Cómo aceptar que no puede caminar a causa de una artrosis en la rodilla, cuando ha sido un amante de la montaña toda su vida? ¿Cómo soportar oír mal cuando se es melómano? Porque, cuanto más se envejece, más se necesita a veces renunciar a las pasiones. Así, está el que adoraba leer y ya no puede hacerlo porque su vista se ha debilitado, o el que pasaba los fines de semana haciendo bricolaje y ya no puede debido a sus dolores... Nuestros deseos se confrontan con nuestras incapacidades. Que esto no nos afecte requiere una plasticidad extraordinaria. Es lo que sucede a quienes continúan a pesar de todo siendo inquietos y buscan actividades compatibles con su estado: practican una actividad deportiva adaptada a sus posibilidades físicas, aprenden escultura, descubren un interés por actividades manuales, escuchan libros en CD... Incluso pueden verse en una silla de ruedas tras una hemiplejia sin aburrirse. Son personas que llegan a mantener su autoestima recurriendo a la sublimación. Gracias a este mecanismo, la energía que se invertía en las actividades anteriores se transforma para ponerse al servicio de la creación artística o de actividades intelectuales, sociales, religiosas... Así, se mantiene el placer pero bajo otras formas. Descubren otras distracciones, o desarrollan su vida interior y espiritual. Su valor ya no está en lo que son capaces de hacer, sino de ser. Pueden aprovechar su mayor disponibilidad interior para repasar los buenos momentos de su vida, reinterpretar los fracasos y los golpes duros con la tranquilidad necesaria. Hacen un poco de balance de su vida, que también puede materializarse en la redacción de un diario o de unas memorias. Este puede ser un buen método para reencontrar su identidad y volver a tejer el hilo de su vida, de la misma manera que otros quieren inscribirse en una historia elaborando su árbol genealógico. Pero para superar esta adaptación hace falta una cierta dosis de optimismo y la voluntad de superar las dificultades. Aquellos en quienes predominan las añoranzas, que se quejan por no poder realizar sus deseos, que repiten sin cesar que no han tenido suerte, corren el riesgo de pasar la última parte de su vida sumidos en la nostalgia y la tristeza, es decir, en la depresión. Sea lo que sea, siempre podemos ayudar a nuestros padres, si estos lo desean, a hablar de sus dificultades y demostrarles nuestra empatía diciéndoles que comprendemos lo duro que debe ser no poder hacer lo que se quiere. El hecho de escuchar la expresión de sus emociones puede ya ser un importante apoyo. También podemos hacer que descubran nuevos centros de interés proporcionándoles la información necesaria y acompañándoles físicamente al comienzo, pues ya se sabe que, en este tipo de cosas, a menudo cuesta dar el primer paso.

Tiene miedo a la soledad

Nuestra madre nos llama a la oficina para saber si, por casualidad, no se habrá dejado su pañuelo azul en nuestro coche. Observamos que nuestro padre nos llama por teléfono todos los días, al caer la noche, para plantearnos cualquier pregunta sin importancia. ¿Tal vez sólo necesitan oír una voz, sentir una presencia tranquilizadora?

Durante la vejez, a menudo, vuelve a sentirse el miedo al abandono que tienen los niños. La soledad también puede resultar especialmente difícil. A veces, nuestro padre o nuestra madre se dirige a nosotros con un tono de agresividad o de reproche: «Siempre estoy solo; nunca vienes a verme...». Es inútil razonar demostrándole que no es cierto, que tiene muchas visitas... Por tanto, sin aumentar la frecuencia de nuestras visitas —si consideramos que ya hacemos lo que podemos—, podemos marcar algunas muescas más en su tiempo: en lugar de ir a verlos por sorpresa, las semanas les parecerán más cortas si les decimos que los visitaremos el sábado por la tarde, si les recordamos que el martes irá la chica que les hace las tareas de casa, que la semana próxima celebraremos el cumpleaños de nuestro hijo... ¿Podemos hacer que la peluquera venga a casa un poco más a menudo? También debemos saber que el ocuparse de un animal, o incluso de las plantas, aumenta la esperanza de vida al limitar el sentimiento de soledad.

La angustia puede aumentar también en el momento en que nuestro progenitor se siente más dependiente y teme caerse, tiene miedo a que lo ataquen... Entonces, con frecuencia se multiplican las llamadas nocturnas, porque la noche también acentúa la soledad. El sueño deja al individuo indefenso; requiere un «abandonarse» que puede asociarse a la muerte. Todo lo que rodea a la noche también puede tener ciertas reminiscencias con la muerte: la posición tumbada en un espacio del que es imposible salir solo (si se es dependiente para los desplazamientos); una sábana que puede evocar el sudario; el silencio... Para ser fácilmente aceptado, este abandono requiere una seguridad proporcionada por el entorno, una confianza en uno mismo, en los otros... Con el paso de los años, cada vez tenemos menos confianza en nuestras capacidades, el entorno se vive como un peligro, con riesgos, porque puede, por ejemplo, provocar una caída. El temor a no despertarse lleva a veces a un estado de vigilia que puede acompañarse de quejas incesantes, de dolores, de dificultades respiratorias... Como ocurre a menudo en las personas mayores, la somatización reemplaza lo que no puede decirse; el cuerpo expresa entonces la angustia, el malestar, el sufrimiento psicológico.

Para tranquilizar a nuestros padres podemos proponerles la instalación de una telealarma (algunos servicios de teleasistencia también realizan escuchas por teléfono); en algunos lugares ya existen servicios de vigilancia nocturna que pasan todas las noches por el domicilio de las personas de edad avanzada que lo necesitan. Estas medidas no solucionan todo, pero pueden contribuir al sentimiento de seguridad. Y ¿por qué no plantear la opción de otra forma de alojamiento, por ejemplo en una residencia de ancianos? No se verán obligados a estar solos en casa, y estarán más tranquilos.

Ya no sale de su casa

Si nuestro padre era activo y sociable, invitaba de buena gana a sus amigos e iba a menudo a caminar, pero ahora se queda en casa leyendo o viendo la televisión, puede que se halle en una fase de ensimismamiento transitoria, un periodo necesario para reencontrarse consigo mismo y construir otra vía con nuevos proyectos durante los primeros meses que siguen a la jubilación (véase el capítulo 1). También puede suceder que, tras una etapa de euforia, comience a tomar conciencia de que no tiene un verdadero objetivo que lo mueva y de que no hace nada más que llenar su tiempo sin un proyecto real; ya no sabe lo que le gustaría hacer...

En cualquier caso, si este comportamiento dura, conviene preguntarse si no se tratará de un síntoma de depresión. Podemos hablar con él, pero esto no es ganancia asegurada: puede respondernos secamente que nos metamos en nuestras cosas, que está muy bien. Puede ser demasiado orgulloso para reconocer ante nosotros su malestar, y la agresividad puede denotar un sufrimiento psicológico y formar parte de los síntomas de la depresión (véase el capítulo 4). Si realmente estamos preocupados y se nos presenta la ocasión, podemos hablar con su médico.

¿Nuestra madre no se ha volcado nunca demasiado con los demás? Este encerrarse en sí misma puede responder a su personalidad más profunda: simplemente asistimos a una acentuación de esta tendencia debido a la edad. Basta con que su artrosis haya empeorado para que se quede todavía más en casa, mientras que su vecina, que no padece dolores, continúa con sus actividades habituales para no abandonarse ni desmoralizarse. Seguramente esto, que nos parece una falta de voluntad, nos pone nerviosos. ¡Nos gustaría tanto que fuera como la vecina! Pero no tenemos poder para cambiarla...

En fin, si nuestro progenitor se ensimisma, podemos averiguar si no es el miedo al exterior, la angustia de no estar a la altura y de proyectar una mala imagen de sí mismo los elementos que están en juego. ¿Y si, en una excursión, no es capaz de seguir al grupo? Mejor quedarse en casa... Algunas personas viven toda nueva situación como fuente de angustia, lo que hace que nazca un sentimiento de enfermedad física debido a la anticipación de un peligro real o imaginario. Una mujer que padece una ligera incontinencia urinaria a veces preferirá no

salir de su casa por miedo a tener un «accidente»...
Encerrándose en sí mismo, en su pasado, en su cuerpo, nuestro progenitor se arriesga a aislarse del mundo, del que tiene una vivencia poco valiosa. En este caso, podemos tratar de comprender su mensaje y encontrar lo que puede ayudar a su tranquilidad.

Tiene miedo a perder la cabeza

A los cuarenta años, si se olvida el título de una película que se ha visto cinco veces o no se sabe dónde se han dejado las llaves, ¡no importa!: se achaca a una distracción. A los cincuenta años, se bromea: «¡Es el Alzheimer!». A los sesenta años, ante estas mismas situaciones ya no se bromea, sino que se tiende a dramatizar: «¡Se me olvida todo! ¡A veces voy a una habitación y no sé para qué he ido allí! Nunca sé dónde he dejado mi talonario de cheques. ¿Y si tuviera un principio de Alzheimer?».

Esta enfermedad está tan presente como el azote de la vejez, y puede comprenderse tranquilamente que nuestros padres se alarmen por olvidos que se hubieran considerado insignificantes treinta años antes. La angustia puede llevarlos a sobresti-

mar sus dificultades. Efectivamente, los test que pueden hacerse para la evaluación de estas alteraciones
muestran que, con frecuencia, están sobrevaloradas
teniendo en cuenta la realidad de los trastornos.

Hay muchos factores que pueden incidir en la
memoria: problemas visuales o auditivos, escasa
atención, falta de estimulación, ansiedad...

Dicho esto, cuando nuestros padres se quejan de
perder la cabeza, es preciso hacerse una idea más
precisa de la naturaleza y de la importancia de los
olvidos. Podemos convencerlos para que visiten a su
médico o realicen unos test en una unidad de
diagnóstico (véase «Direcciones útiles»), ya que tampoco hay que descartar totalmente una enfermedad, sobre todo si la vida cotidiana se ve verdaderamente alterada. Si los olvidos parecen mínimos
pero nuestro progenitor está muy obsesionado con
este tema, una consulta servirá para tranquilizarlo.

Dice que ya no sirve para nada

Muchas personas mayores tienen la sensación de
que ya no son útiles. El contexto social de desvalori-
zación de la vejez no arregla mucho las cosas. A

Cuando el carácter se vuelve difícil con la edad

menudo, sus palabras nos ponen en un apuro: «Ya ves que no valgo para nada», «Vete, tienes cosas mejores que hacer que quedarte con nosotros».

Cuando éramos niños, intentábamos hacer todo lo que estaba a nuestro alcance para demostrar a nuestros padres lo que valíamos. Ha llegado la hora de que les pidamos a ellos que nos realicen unas búsquedas en la biblioteca, por ejemplo, o que tejan un jersey para nuestro hijo, o que ayuden a sus nietos con los deberes —cuando sea posible—, o que nos escriban en una libreta todas esas recetas de cocina que tanto nos gustan. Propongámosles tareas que puedan resultarnos útiles, pero sobre todo no lo hagamos por lástima, sabiendo que nuestro hijo nunca se pondrá el jersey excepto cuando venga de visita su abuela... Si tenemos tiempo, posibilidad y ganas, ayudémosles empezando con ellos. En caso de que nuestro progenitor tenga algunas discapacidades y esto le haga difíciles o imposibles ciertas actividades, antes que lamentarnos con él haciendo el inventario de todo lo que ha perdido, nos interesaremos por todo lo que todavía puede hacer —aunque algunas tareas le lleven ahora mucho más tiempo— y le ayudaremos a tomar conciencia de ello.

También resulta útil insistir en que, aunque ya no pueda realizar las mismas actividades que antes, su sola presencia es esencial para nosotros. Precisémosle todo lo que nos aporta, a nosotros, a nuestros hijos, a sus amigos... Si no se siente capaz de afrontar solo algunas actividades de la vida diaria, debemos saber que no es fácil ser consciente de que se depende de alguien, ¡y que para colmo ya nadie depende de uno! Le aseguraremos, por tanto, que para nosotros es importante, aunque en la actualidad no sea capaz de hacer ciertas cosas.

Lo esencial

La vejez es una larga crisis, difícil de vivir, con pocos beneficios. Para protegerse, las personas mayores tienden a usar diferentes mecanismos de defensa, que van de la negación a la regresión.

Si nuestros padres no soportan las frustraciones de la vejez, es importante ayudarles a hablar de ello.

Cuando no puedan hacer nada de lo que les gusta les guiaremos hacia otros puntos de interés.

Capítulo 4

No hace buenas migas con la edad

Algunas veces, al envejecer, nuestros padres se convierten en todo eso que nosotros esperamos no ser a su edad: se abandonan, son egoístas o agresivos, nos critican constantemente, se quejan sin cesar... ¿Cómo reaccionar ante estos cambios?

Se envejece según se ha vivido

¡Así reza el dicho popular! ¿Qué es en realidad el cambio del carácter con la edad? Aunque envejecer no es nunca fácil, sin embargo no hay modificaciones importantes de la personalidad a lo largo de este periodo. Cuando el proceso de envejecimiento se lleva más o menos bien, algunos rasgos del carácter pueden, como mucho, acentuarse ligeramente.

Por el contrario, si sobrevienen dificultades (enfermedad, dependencia, duelos especialmente dolorosos o numerosos...), pueden producirse cambios en la personalidad. La naturaleza de estas evoluciones dependerá de numerosos factores, como por ejemplo la voluntad, la capacidad de adaptación y el entorno afectivo y social. Por tanto, el que nuestro padre sea un poco autoritario no quiere decir que se convertirá necesariamente en un viejo exigente, tacaño y tiránico. De la misma manera, esa madre dulce y atenta que hemos conocido tal vez resulte un poco agresiva a los demás según los caprichos de la vejez.

Se ha vuelto muy agresivo

Las personas de edad avanzada a veces tienen fama de ser autoritarias, exigentes, caprichosas, tiránicas, malintencionadas... Algunas se parecen a Danièle, la protagonista de la famosa película francesa *Tatie Danièle*, de Étienne Chatillez, que representa a una viejecita que envenena la vida de todo el que la rodea. Estos comportamientos agresivos, sin embargo, no son lo más habitual pero, cuando se dan, se manifiestan tanto verbalmente como en actos no verbales. Nos van a lanzar reproches encolerizados: «¡No me comprendes! ¡Métete en tus cosas!», «Nunca estás aquí cuando te necesito», o comentarios más sutiles: «¡Ah! ¿Has cambiado otra vez de coche? ¡Eres rico!». Las amenazas y el chantaje también pueden ser utilizados: «Ya que no hago nada bien será mejor que no cuide de los niños el sábado por la noche». Por lo que respecta a la ironía, esta también puede reflejar agresividad; así ocurre si le hacemos una rectificación a nuestro padre y nos responde: «¡Es verdad: tú no te equivocas nunca!», o si llegamos tarde y nos recibe: «¡Hombre! ¡Por fin estás aquí!». Finalmente, la oposición («No, no iré al médico») y la pasividad (encerrarse en el silencio), frecuentes en la vejez, pueden testimoniar una actitud hostil.

Si bien la agresividad puede formar parte de la personalidad, también puede aparecer cuando el sujeto tiene que vivir acontecimientos difíciles, cuando se ve enfrentado a la frustración. Esta puede ser la razón por la que nuestra madre, en otros tiempos tan dulce, se vuelve irritable y desagradable: simplemente tiene dificultades para expresar claramente el sufrimiento que siente. Eso que se considera como maldad es a veces una forma de protesta contra los avatares de la vejez.

La agresividad resulta difícil de llevar para los más cercanos, porque se sienten atacados personalmente, aun cuando hay un desplazamiento de la agresión. Todos conocemos bien este mecanismo: hemos tenido un altercado con nuestro jefe y, como es el jefe, lo mejor es no responderle... Pero, cuando volvemos a casa, nos enfadamos con nuestro hijo por una tontería. La frustración y el sentimiento de injusticia que hemos sentido salen a flote en ese instante. La agresividad se dirige al primero con el que nos cruzamos y con el que no tendrá consecuencias (es decir, alguien cercano), aunque él haya mostrado una gran amabilidad. Entonces resulta fácil entrar en una escalada psicológica del tipo «Tú me agredes, yo te agredo», o en una estrategia de fuerza y de chantaje afectivo: «¡Si continúas, no vengo más a verte!». A menudo, las personas más cercanas están demasiado implicadas, por lo que son muy vulnerables al comportamiento agresivo, y el diálogo corre el riesgo de convertirse en un combate. Para librarse de esto, hay que ser capaz de no responder a todos los comentarios enviados en forma de ataques personales, y ser consciente de que no se deben necesariamente a que hayamos hecho algo mal, sino a que quien los realiza se siente mal, lo que es un matiz importante. Cuando nos enfrentemos a la agresividad de nuestro padre, tratemos de identificar lo que pasa en nosotros: «¿Qué siento? ¿Qué es lo que me ha afectado?». Antes que intentar olvidar lo que nos ha herido, hablemos con alguien cercano para expresar nuestras emociones. Evitemos las rumias del tipo «Debería haber hecho esto», «Debería haberle respondido aquello», y centrémonos en el futuro: «La próxima vez, ¿cómo puedo actuar para que me afecte menos?».

Debemos saber que, frente a la agresividad, si mantenemos la calma y decimos a nuestro progenitor, por ejemplo: «Me parece que algo va mal; pareces enfadado» o «Si he entendido bien, estás enfadado porque...», esto puede ayudarlo a sentirse comprendido, y es posible que lleguemos a apaciguar un poco su hostilidad. Sin embargo, no estará siempre dispuesto a reconocer que hay sufrimiento bajo su comportamiento, sobre todo si se lo decimos nosotros. El recurrir a un intermediario (nuestra pareja o nuestra tía, por ejemplo) puede, en algunas situaciones, resultar beneficioso. ¿No quiere entender nada? Intentemos decirle claramente lo duro

que es para nosotros que nos abrume con sus reproches siempre que vamos a verlo. No debemos
aceptar todo de nuestros padres con el pretexto de
que envejecen; si no, es como si ya no los consi-
deráramos responsables de sus actos. Al reaccionar
ante su actitud descontenta les enseñamos las consecuencias de su comportamiento y mantenemos
con ellos una relación de adultos (véase el capítulo 8).

Sólo se interesa por sí mismo

Para nuestro padre, sólo su gato, su tele y su sofá tienen todavía algún interés. A nuestra madre le hablamos de nuestros problemas de salud y ella hace
oídos sordos y comienza a lamentarse del ruido que
hacen sus vecinos, o nos telefonea para decirnos
que necesita que la acerquemos a la óptica para
cambiarse las gafas..., y olvida preguntarnos cómo
ha ido la entrevista de trabajo de nuestra hija. ¿Esta
actitud es nueva? ¡Es poco probable! Si el egocen-
trismo tiende a tomar una mayor importancia con la
edad, suele corresponder a un rasgo del carácter de
nuestros progenitores. Nuestro padre, durante toda
su vida, ¿se ha interesado por algo más que por él

mismo y por su comodidad? ¿Ha demostrado nuestra madre alguna vez que escuchaba y sentía compasión por los problemas vividos por su entorno? Entonces, hoy que ya no trabajan, que tal vez conocen algunas dificultades asociadas a su edad, no debe extrañarnos que el encierro en sí mismos los aceche. También es posible que su carácter se agríe al ver que todos los que disfrutan de la vida a su alrededor están indiferentes y son unos ingratos.

Incluso pueden negarse a participar en las fiestas familiares con el pretexto de que están cansados. Esta actitud es muy frustrante para los más cercanos, que tienen la sensación de que no cuentan. Si nunca lo hemos hecho, podemos intentar expresar a nuestros padres lo que sentimos y hablarles de las consecuencias de su comportamiento en nosotros. Pero si pasan a otra cosa o nos reprochan que no los comprendemos, no insistamos. No nos queda más que encontrar la distancia adecuada.

Distancia adecuada

¿Cómo establecerla? Tomando las medidas adecuadas para protegerse más fácilmente: hay que impedirles que nos dañen manteniendo una vigilancia constante, cortando por lo sano los reproches, acortando las visitas, por ejemplo. Como relata Patricia Delahaie en su libro *Être la fille de sa mère et ne plus en souffrir*, lo importante es no permanecer pasivo: «Nuestra madre es una mujer negativa: sabiéndolo evitaremos los temas que le permitan herirnos y dañarnos (...). No soporta las diferencias: conociéndolo, sólo hablaremos de nuestros puntos comunes o de ella misma, si es egocéntrica. Aguantar a nuestra madre como cuando éramos pequeños o elegir dejarla que sea como es (...) son dos cosas diferentes. Con la primera opción, sufrimos; con la segunda, decidimos unas concesiones que estamos dispuestos a hacer para que la relación vaya mejor». No podemos cambiar a nuestros padres, pero podemos mejorar la relación que tenemos con ellos decidiendo lo que estamos dispuestos a aceptar.

Se queja sin cesar de que le duele todo

Siempre que llamamos a nuestra madre, la mayor parte de la conversación está dedicada a sus achaques: hoy tiene dolor de cabeza, y siempre le duele la espalda. De hecho, ha ido a ver a un reumatólogo que le ha puesto un nuevo tratamiento. Dedica una buena parte de su tiempo a visitar a médicos, quinesioterapeutas, acupuntores, radiólogos... Pero estos no le encuentran nada serio.

Las quejas somáticas incesantes pueden testimoniar la ansiedad de nuestros padres o también reflejar un estado depresivo. El cuerpo expresa lo que no puede verbalizarse. Así nos muestran que tienen razones para sufrir, que tienen motivos para preocuparnos, telefonearnos o visitarnos con frecuencia. Estas quejas pueden ser una llamada de ayuda: «No tengo suficiente confianza en lo que represento para los demás, por lo que constantemente añado algo nuevo para que se interesen por mí».

Es posible que esta sea una forma —inconsciente en la mayoría de los casos— de llamar la atención, de continuar siendo el centro. Si nos preocupamos por nuestro padre, pensamos en él, aunque no esté. La crisis de la vejez hace que a veces nuestros padres experimenten una regresión a formas de funcionamiento anteriores en su desarrollo. Los problemas de la más tierna infancia se reactivan, en particular el que concierne a la demanda de cariño. En este caso, las múltiples quejas somáticas pueden indicar el miedo a ser abandonados. Cuando nuestra madre sea aún más mayor, la regresión puede llevarla a interesarse de una forma muy cercana por todo lo que concierne a las funciones naturales: la nutrición será una preocupación de vital importancia, y toda la familia será informada sobre el buen o el mal funcionamiento de sus intestinos.

¿Qué hacer cuando ya no podemos más? No hay que decirle: «Te duele la espalda, pero hay otros que están mucho más enfermos». Cuando uno se encuentra mal, el cáncer del vecino no es necesariamente un consuelo. Nuestra madre busca que nos interesemos por ella, no por nuestros vecinos. Intentemos decirle lo más amablemente posible: «Comprendo que es difícil para ti, que estás sufriendo, pero para mí es muy penoso oír tus quejas sin cesar». Seremos escuchados, o no... Tal vez nos responda: «¡Ya sé que mi salud no te importa!», pero vale la pena intentarlo. Si no, podemos cambiar de tema cuando empiece con la letanía de quejas: «Y tu amiga Carmen, ¿ha pasado a verte?». Probemos a buscar temas alegres, centrándonos en una etapa feliz de su vida, en los buenos recuerdos conjuntos. Tanteando podremos encontrar algo que la saque de su espiral negativa.

Ella se abandona

Nuestra madre, que había sido tan coqueta, ahora está todo el día con un pantalón y un viejo jersey, y sólo se maquilla en contadas ocasiones. Las manchas que apreciamos siempre en su ropa nos ponen de mal humor desde el instante en que entramos a su casa. Siempre resulta difícil ver que nuestros padres ya no se preocupan por su aspecto. Así, una vez cerrada la puerta, no podemos evitar decir: «¡Mamá, podías cambiarte de ropa más a menudo!». ¡Y he aquí el cambio mal encarado! Su abandono nos muestra una imagen de la vejez que no queremos ver.

Las numerosas mujeres que continúan cuidándose a pesar de su edad subrayan lo importante que es esto para su ánimo. Si bien resulta lógico no ponerse un traje todos los días cuando ya no se trabaja, un desinterés por el aspecto señala a menudo una baja autoestima: «¡Ya no vale la pena que me ocupe de mí misma! Puesto que ya no intereso a nadie, ¿para qué hacer ese esfuerzo?». También puede ser la identidad sexual la que está dañada: «Ya no soy deseable; por tanto, no vale la pena que sea coqueta».

Cuando el carácter se vuelve difícil con la edad

Si le decimos bruscamente a nuestra madre que se cambie de ropa, que está sucia, se sentirá molesta. Vayamos progresivamente y con tacto, aunque en los días siguientes siga sin tener una apariencia muy cuidada. Digámosle que nos gustaría que nos acompañara al peluquero o de compras (¡es ella la que nos acompaña, y no al revés!; por tanto, es ella la que nos satisface, aunque aprovechemos la ocasión para animarla a comprarse un jersey nuevo). Animémosla a que eche un vistazo al catálogo de venta por correspondencia que acabamos de recibir... Alabémosle la ropa que le sienta bien. A veces basta con poco para retomar algunos placeres, el de verse bien peinada o vestida correctamente: «Te veo muy bien cuando te maquillas un poco. ¿Por qué no te pones ese vestido amarillo que te sienta tan bien?». Todas estas sugerencias son preferibles a los comentarios desagradables que no hacen más que acentuar la falta de autoestima... Si vivimos lejos, podemos ver si alguien de su entorno (asistenta, vecina, prima) puede animarla también.

Dicho esto, si nos parece que el abandono es importante será necesario consultar al médico, pues ese comportamiento puede enmarcarse en un contexto depresivo.

Es exigente

A menudo se piensa que las personas mayores se vuelven caprichosas. Cuando deciden cualquier cosa, tenemos que responder casi al instante, aunque sepamos que, en la mayoría de los casos, no hay ninguna urgencia. Estas exigencias que nos parecen excesivas nos exasperan. Nuestra madre ha decidido cambiar las cortinas de su cocina; nos pide que la acompañemos a la ciudad para escoger las nuevas, y se enfada cuando le proponemos hacerlo la próxima semana; nos acusa de que no le dedicamos nada de tiempo. Nuestro padre necesita ayuda para limpiar el trastero de cosas viejas; cuando llegamos el fin de semana siguiente para ayudarlo, vemos que, en este intervalo, ha llamado a nuestro hermano. Todos los domingos se repite la misma escena: estamos charlando tranquilamente y, de repente, nuestra madre se levanta y exclama: «¡Bueno! Estoy cansada; quiero irme a mi casa». Como tenemos ganas de disfrutar de la sobremesa, le proponemos que vaya a tumbarse un poco al sofá, pero nos responde que ella «no va a casa de los demás para dormir».

Resulta difícil entender y aceptar estos comportamientos, porque nadie tiene ganas de volver a la situación del niño que debía obedecer puntualmente. Pero para nuestros padres puede representar la forma de tener a todos pendientes de ellos, para contrarrestar el hecho de que ellos dependen de los demás: «Soy yo quien decido la hora a la que quiero volver», «Soy yo quien decide cuándo necesito ayuda». Los caprichos pueden ser una llamada de atención: sufren la vejez y necesitan manifestar a los demás su presencia en el mundo y en la relación («Por si lo habíais olvidado, os recuerdo que existo»), ¡aunque esto sea de una forma agresiva! También hay que saber que con la edad los rituales recobran importancia y son señales que proporcionan una cierta seguridad. Las personas mayores son también conscientes de que su tiempo está contado; así, cuando los días se escapan entre los dedos, sólo cuenta lo hecho: cuando nuestro padre nos exige que respondamos a su demanda lo más pronto posible, manifiesta su necesidad de tener satisfacciones inmediatas.

Aunque podamos aceptar algunas manías de nuestra madre, tampoco se trata de que nos convirtamos en esclavos de todos sus deseos. Podemos decirle que comprendemos que esté cansada, pero que le ofrecemos la posibilidad de descansar.

Manifestémosle cómo nos gusta ver que todavía tiene proyectos cuando se plantea cambiar las cortinas, pero debemos explicarle que nosotros también tenemos premuras en nuestra vida, y un poco de flexibilidad por su parte nos facilitará las cosas. Digámosle que aceptar un grado de improvisación permite a veces llevarse gratas sorpresas. Y si todo esto no sirve de nada, ¡debemos fijar límites claros! (véanse los capítulos 6 y 8).

Ambos chochean

Nuestro padre cuenta siempre las cuatro mismas anécdotas, y ya no podemos seguir escuchándolo. Y es que, si se contenta con matar el tiempo esperando la hora de la comida, el próximo partido de fútbol en la tele o la visita regular de su vecino, no tiene más que fruslerías para contar, y entonces se vuelca en las viejas historias, las de aquella época en la que verdaderamente vivía. La mirada permanente al pasado puede ser una forma de hablar de lo que se ha sido, porque ya no se valora lo que se es en la actualidad. Tal vez nuestro padre era consultor y ahora continúa aconsejando a la gente.

Cuando el carácter se vuelve difícil con la edad

Quizá nuestra madre era maestra y todavía le gustaría educar a todos los niños con los que se cruza. «No somos lo que éramos» muestra que la identidad está dañada. Se hacen esfuerzos para conservar la memoria, se recuerda que se ha participado en competiciones de esquí, que a una la han cortejado todos los hombres... Se enseñan una y mil veces todas las fotos para testimoniar lo que se ha sido. Como ya no se posee esa juventud y esas capacidades, por lo menos puede demostrarse que se han tenido. Ese pasado revalorizador al que nuestro padre se aferra sin cesar le ayuda a aceptar un presente menos satisfactorio. La evocación de los acontecimientos importantes de su vida puede ayudarle a sentirse él mismo a pesar de los años. Pero el hecho de volver sin cesar al pasado también puede tener el efecto contrario: se rememoran los buenos momentos para añorarlos más y para compadecerse todavía más por el presente: «Mira lo que era y en lo que me he convertido... Ya no valgo para nada». Nuestro padre puede elegir también aferrarse sólo a los fracasos, a las dificultades, a las penas, para llegar a la conclusión de que no ha tenido una buena vida. La vejez es una etapa en la que uno se ve encaminado a hacer balance de su vida; las «chocheces» pueden servir también para retomar situaciones pasadas con las que se tenía la necesidad de reconciliarse.

Sea como sea, hay que reconocer que todo esto resulta molesto para el entorno. Podemos decir tranquilamente: «Eso ya me lo has contado», con tacto, porque, si nuestro padre no se acuerda, puede sentirse herido o enfadarse por haberle puesto en evidencia esa debilidad. También podemos cambiar de tema diciendo, por ejemplo: «¿Y si me hablas de...?», para conducirlo a cosas más placenteras de su vida o a otros episodios que no conocemos tan bien... Si creemos que detrás de todo esto se esconde una mala imagen de sí mismo, intentaremos ensalzarlo con lo que todavía es capaz de hacer y con lo que es (véase el capítulo 3). Si percibimos que los acontecimientos del pasado le hacen sufrir, podemos invitarlo a hablar, si tiene ganas y si estamos dispuestos a escucharlo.

Pero, mientras, ¡cuidado!: recordemos que repetir siempre lo mismo o plantear constantemente la misma pregunta pueden ser síntomas de alteraciones en la memoria, si nuestro progenitor no se acuerda de lo que ha dicho hace unos minutos. No dudemos, en este caso, en consultar a un médico.

Se ha vuelto muy tacaño... ¡o tira el dinero por la ventana!

Antes nuestro padre era más bien generoso, pero ahora le cuesta cada vez más sacar la cartera, o se niega a salir con el pretexto de que no tiene dinero, aunque tenga los medios para permitírselo perfectamente. Por el contrario, también puede ponerse a dilapidar todos sus recursos sin ningún remordimiento.

Con la edad, es frecuente que la relación con el dinero se modifique. El miedo al futuro y a tener necesidades se conjugan con mayor frecuencia en las personas que han tenido carencias a causa de la pobreza o de la guerra: no gastar demasiado es prever los posibles gastos que puede acarrear la vejez; para la generación de nuestros padres, esto también puede responder al deseo de dejar una herencia a sus hijos. Pero también puede ocurrir que nuestro padre, frente a otras pérdidas sufridas, quiera conservar lo poco que le queda, es decir, el dinero... Este le permite mantener un cierto poder al decidir si lo da o no: «No puedo decidir gran cosa, pero todavía puedo disponer de mi dinero». El dinero también refleja afectividad: esta es menor en la pregunta «¿Qué es lo que poseo?» que en «¿Qué valgo?» y «¿Cómo valoro a los demás?». En lo sucesivo, obligados a «contar» de otro modo, nuestros padres se preguntan si todavía son importantes para los demás, lo que también tiene como consecuencia que se sientan deudores frente a las personas que se ocupan de ellos. La vecina de nuestro padre le lleva todos los días el periódico: él colma a sus hijos de regalos para mostrar su agradecimiento, y tal vez también para que sientan un poco de afecto por él. En este caso, podemos explicarle que un pequeño detalle de vez en cuando ya es suficiente. De igual manera, podemos ofrecernos a nuestro padre para ayudarle a examinar sus cuentas, si el miedo a equivocarse lo angustia mucho. Sin embargo, si nuestros padres mantienen íntegras sus facultades mentales, no tenemos que meternos demasiado en sus finanzas. Tienen derecho a gastar su dinero como quieran, salvo si constatamos un día que ya no pagan el alquiler ni las facturas de teléfono, o si se dejan engañar por personas sin escrúpulos. Por tanto, es importante detectar eventuales trastornos cognitivos que pueden alterar su capacidad de juicio.

Lo esencial

A menudo un padre con un carácter fuerte acepta mal su envejecimiento. El hecho de saberlo puede hacernos un poco más indulgentes pero no hay que dejar que sea desagradable...

El hecho de que nuestro progenitor se abandone suele ser signo de una mala autoestima.

Si nuestro padre tiene miedo a todo, y la telealarma no lo tranquiliza, puede ser el momento de valorar con él otras opciones de alojamiento.

Las personas de edad avanzada chochean a veces porque sienten placer en rememorar los mismos recuerdos, testimonios de un pasado valorizador que ya no volverá.

Capítulo 5

Realmente está mal

**¿Nuestro padre o nuestra madre van repitiendo que
ya no valen para nada? ¿Las palabras** suicidio
y eutanasia **se prodigan como el tema central
en su conversación? Hay que reforzar la vigilancia.**

Ha perdido a su mujer; ha perdido a su marido

Cuantos más años cumple uno, mayor es el número
de duelos vividos: se pierden amigos, hermanos... Y,
en un momento dado, uno de nuestros padres pier-
de a su cónyuge. Para una pareja que ha vivido
junta mucho tiempo este hecho resulta, en la
mayoría de los casos, un acontecimiento muy doloroso, aunque esa unión no haya sido idílica. El otro
era testigo de su historia desde hace muchos años y
garantizaba una presencia que suavizaría las dificultades de la vejez. La muerte del otro miembro de la

pareja deja al superviviente muy solo y frágil. Cuando los padres son muy ancianos, sucede con bastante frecuencia que el que queda no sobrevive demasiado tiempo a la muerte del otro.

Todo individuo que sufre una pérdida necesita expresar sus emociones, llorar, hablar de la persona desaparecida y de lo que ha compartido con ella; a veces también precisa enfadarse: por ejemplo, nuestra madre con su marido, que la ha dejado totalmente sola o que tal vez no ha querido cuidarse cuando estaba a tiempo. Esta reacción es normal y forma parte del duelo.

En esta etapa, nuestro progenitor necesita estar acompañado, pero si nosotros estamos muy afectados tal vez no seamos la persona más adecuada. Si su sufrimiento nos lleva al nuestro, intentaremos ver si alguien que esté un poco menos dolido puede apoyarlo. Y no olvidemos que, incluso al cabo de un año, todavía pueden brotar las lágrimas al recordar a un difunto. Si esta tristeza no es permanente, no hay nada de anormal en esto. Evitaremos las palabras que quieren ser tranquilizadoras, como «No llores más, piensa en tus nietos» o «Cambia esos pensamientos», lo que no impide que le propongamos un paseo por el campo...

Él habla de suicidio

«Si esto sigue así, me tiro por la ventana», «De todas formas, si estuviera muerto sería lo mejor para todos»... Estas quejas pueden ser la simple expresión de un malestar y una llamada de atención, pero también algo más serio. Cuando una persona mayor habla de suicidio, de su falta de apego a la vida, siempre se impone una vigilancia absoluta. En ningún caso hay que ignorar estas palabras. Las cifras, terribles, están ahí: la tasa de suicidio es seis veces más elevada a partir de los ochenta y cinco años que entre los quince y los veinticuatro años, sobre todo en los hombres. Las tentativas de suicidio se producen a menudo en periodos de crisis: duelo, enfermedad, dependencia... El aislamiento y la soledad también son factores de riesgo. Hay que estar atentos, observar si estas palabras se inscriben en un contexto depresivo: trastornos del sueño, fatiga permanente, tristeza, desinterés por todo, ausencia de placer... En cualquier caso, lo mejor es animar a nuestro progenitor para que visite a su médico, pero si nos parece que no somos la persona más adecuada, intentaremos ver quién, de su entorno más cercano, puede hacerlo.

Cuando el carácter se vuelve difícil con la edad

De todas maneras, es importante estar atento a los posibles síntomas de depresión, que, en las personas ancianas, a veces son difíciles de detectar; en efecto, la depresión puede manifestarse esencialmente con trastornos somáticos (dolor de cabeza, dolores diversos, agresividad...), que pueden considerarse como normales teniendo en cuenta su edad. Es importante saber que, con frecuencia, las personas mayores que han intentado suicidarse nunca habían hablado antes de sus intenciones. Nuestros padres tienen muchas dificultades para expresar su sufrimiento psicológico, que, por tanto, puede pasar desapercibido. Si se diagnostica una depresión, será necesario un tratamiento médico con apoyo psicológico en algunos casos. Muchas personas mayores no quieren este tipo de tratamientos con el pretexto de que «no están locas». Tendremos que explicarles que se trata simplemente de encontrar a alguien que pueda escucharlos con calor y comprensión: sería una lástima privarse de esto. Es importante que no se aíslen y mantengan contacto con su entorno inmediato: los vecinos, los tenderos, los amigos... Debemos saber que nosotros no somos responsables de su vida. Si tiene lugar un acontecimiento especialmente doloroso, este está anclado en las vivencias de toda una vida y lo pueden haber despertado los sufrimientos más antiguos. Puede ocurrir también que el deseo de vivir se haya debilitado progresivamente con las dificultades de la edad, o que la elección de la muerte, suicidándose o dejándose consumir poco a poco, sea una última manifestación de dignidad y de libertad. Cada uno vive su vida como puede, y, aunque no hubiéramos percibido nada, no somos culpables.

Ella nos dice que ha vivido demasiado...

Nuestra madre nos dice que siente que es una carga para todo el mundo, que se vive demasiado y que no comprende «por qué el Señor no ha venido todavía a buscarla». Ya ha vivido bastante, y ya no le encuentra sentido. Esto no significa necesariamente que tenga realmente ganas de morirse, pero merece que nos detengamos un poco. No nos conformemos con seguir la conversación diciendo: «Dices eso porque no tienes ánimo; estás cansada, acabas de tener la gripe, pero vas a ver cómo en unos días todo irá mejor. Te voy a preparar un té con las galletas que te gustan». De esta manera, no le

Cuando el carácter se vuelve difícil con la edad

brindamos la posibilidad de hablar de algo que es difícil para ella, cuando tal vez nos está haciendo una llamada al diálogo. Si estamos preparados, podemos preguntarle qué quiere decir exactamente. Tal vez nos contará cuánto sufre al verse discapacitada y depender de los demás, y que ya no vale para nada. A veces, el simple hecho de expresarse y de oírnos decir que comprendemos lo difícil que resulta para ella puede hacerle bien. Luego, podemos confesarle que todo lo hacemos con agrado y porque la tenemos con nosotros. Intentaremos averiguar también si verdaderamente ya no hay nada que le guste. Aunque nos responda con una negativa, debemos saber que este momento en el que le hemos permitido contarnos lo que siente ya es muy importante, y que no habrá sido inútil, aunque al día siguiente siga con el mismo discurso... No es fácil para un hijo escuchar a su padre decir que quiere morir, que se siente muy solo tras la muerte de su pareja. Puede que sintamos un pellizco en el corazón, y nos preguntemos: «¿Y yo no cuento? Nosotros, sus hijos, ¿no somos una razón suficiente para vivir?». Pero no tenemos una varita mágica para hacer que la vejez de nuestros padres sea fácil de vivir. La perspectiva de su desaparición puede causarnos un profundo estremecimiento, independientemente de lo que hayamos vivido en nuestra infancia: si hemos recibido mucho amor de su parte, resultará doloroso considerar que eso ya no volverá a ocurrir; si tenemos el sentimiento de no haber sido lo suficientemente amados y reconocidos, nos va a hacer falta vivir el duelo de esa relación que no hemos tenido, y perder la ilusión de que un día llegarían a darnos lo que nunca van a darnos... Tal vez sea esta la razón por la que nos resulta tan difícil escucharles decir que ya tienen bastante, y que les gustaría marcharse...

¿Y si la toman con nosotros?

Cuando nuestros padres se hacen cada vez más dependientes, podemos vernos tentados a proponerles que vengan a vivir con nosotros, bien porque tenemos el deseo de hacer cualquier cosa para que su vejez sea lo más agradable posible, bien porque cedamos a su presión. Cada vez más personas mayores afirman que no quieren ser una carga demasiado pesada para sus hijos y consideran que cada uno debe vivir su vida, pero algunos piensan

Cuando el carácter se vuelve difícil con la edad

que ellos se ocuparon de sus padres y que no hay ninguna razón para que sus hijos no hagan lo mismo. Dicho esto, tenemos todo el derecho a rechazar que nuestro padre o nuestra madre vengan a vivir con nosotros, pero debemos saber que corremos el riesgo de atravesar una etapa difícil, sobre todo si se ponen en el papel de culpabilizarnos o hacernos chantaje. No debemos dejarnos desestabilizar, y hay que explicar claramente nuestras razones, asegurándoles al mismo tiempo nuestro afecto y nuestra presencia. Si nos planteamos acoger a uno de nuestros padres en casa, nos tomaremos un tiempo para reflexionar y valorar con la pareja y los hijos el impacto de una decisión así en todas las facetas de nuestra vida. ¿Seremos capaces de asumirlo o nos guía la culpabilidad? Antes de tomar una decisión intentaremos ver claras nuestras motivaciones. Nos preguntaremos también qué haremos si eso no funciona, y comentaremos esta posibilidad con nuestro padre.

Cuando este venga a vivir con nosotros, será necesario establecer bien las reglas de la vida en común. Además, debemos preservar nuestra vida de pareja y de familia más allá de la presencia de nuestro padre.

Lo esencial

Si nuestro padre atraviesa un periodo de duelo, estemos muy atentos: necesita estar acompañado, pues el riesgo de depresión es muy elevado.

Las tentativas de suicidio son numerosas en las personas mayores. Necesitan seguimiento médico y ayuda psicológica, además de apoyo afectivo.

Bajo el pretexto de que se ha vuelto más dependiente, no nos precipitemos en acoger a nuestro padre en casa sin haber reflexionado bien sobre las consecuencias de este compromiso para nosotros y para nuestra familia.

Capítulo 6

¡No puedo más!

Cuando los padres requieren una ayuda constante, llegan a pesar mucho en nuestra vida, y corremos el riesgo de olvidarnos de nuestra propia existencia y de poner en peligro la salud y la pareja.

Ella me atosiga por teléfono

Nuestro teléfono suena en la oficina: es nuestra madre que nos recuerda que hemos de comprarle yogures. Luego, cuando vamos a comer con unos compañeros, nos llama al móvil: «Tu primo viene el domingo; ¿quieres venir a comer con nosotros?». Dos horas más tarde, nos llama para decirnos que si vamos el domingo estaría bien que lleváramos el postre. Colgamos. ¡Ya no podemos más! Estamos enfadados con ella y con nosotros mismos por estar así, a su disposición permanentemente.

Cuando el carácter se vuelve difícil con la edad

Este tipo de situación no acostumbra a surgir de la noche a la mañana, sino de forma progresiva. Seguramente al principio nos llamaba tres veces por semana, luego también los sábados, después una vez al día y, ahora, ya no hay límite, ¡cualquier motivo es bueno! Sin darnos cuenta hemos dejado que vaya ganando terreno, y ya no sabemos cómo arreglarlo.

Estas llamadas pueden responder a una necesidad de tranquilizarse: «Te recuerdo que existo, por si te estuvieras olvidando...». Por otra parte, la soledad puede resultar demasiado pesada, y hablar con alguien puede convertirse casi en una urgencia. También quizá se trata de una voluntad, inconsciente, de tenernos a su disposición (ella debe ser más importante que cualquiera de nuestras ocupaciones u obligaciones). Podemos probar a preguntarle: «¿Qué necesitas para tener que llamarme tres veces al día, aunque no sea urgente?». Al mismo tiempo la tranquilizaremos diciéndole que pensamos en ella aunque no la llamemos por teléfono. ¿No es suficiente? Entonces pasaremos a reafirmarnos fijando nuestros propios límites: «Mira, yo trabajo, estoy muy ocupado; te propongo que fijemos unas horas para llamarnos». Después de haber intentado comprender sus razones, le diremos claramente que sus llamadas incesantes nos resultan agobiantes. Pondremos nuestra decisión en práctica de forma progresiva, para llegar poco a poco a una situación aceptable: le propondremos, por ejemplo, primero una llamada al día, luego una cada dos días (nosotros fijaremos la frecuencia que nos convenga). Puede que eso sea suficiente para poner las cosas en su sitio. Pero si ella intenta ganar terreno de nuevo, no le dejaremos (salvo una situación excepcional, claro está), pues si percibe la menor grieta, corremos el riesgo de que vuelva al mismo sistema. Debe aceptar que tenemos nuestra propia vida. ¿No quiere tener en cuenta nuestras demandas? Bendigamos al inventor de los teléfonos con pantalla que reflejan el número de quien llama, y no hablemos de los contestadores... Entonces, dejemos que suene el teléfono y no respondamos hasta que ella comprenda... La evitación puede ser la mejor manera de conseguir no ser invadido, aunque una explicación franca siempre es mejor. Pongamos atención también a lo que no tiene en cuenta de lo que le hemos dicho con la intención de probarnos (inconscientemente, claro está). Si queremos salir del juego psicológico en el que nos hemos metido, debemos ser conscientes de que nuestra madre puede desplegar (siempre inconscientemente) grandes medios para combatir nuestro deseo de poner límites. Puede jugar con el tema de la depresión diciendo que no está bien, o montarnos una gran escena con llantos porque «siente que no la queremos». Puede también quedarse inmóvil: postrada en la cama no puede hacer nada, y nosotros estaremos obligados a ir a verla dos veces al día. No es cuestión de decir que simula un problema de espalda, ya que puede estar realmente inmovilizada, pero a veces el inconsciente es muy poderoso... En ese caso haremos lo que haga falta pero, en cuanto mejore su lumbago, le recordaremos nuestra decisión. Si percibimos que busca buenas razones para obligarnos a pasar a verla, intentaremos encontrar soluciones alternativas: si necesita que le compren cosas, llamaremos a otros de su entorno o le diremos que haga un pedido para no tener que ir. Si su artrosis de rodilla le impide andar, veremos quién puede relevarnos o buscaremos una ayuda momentánea (vecina, persona a la que paguemos)... Salir de una situación así puede llevar tiempo. ¡Armémonos de paciencia!

Me critica permanentemente

«¿Has engordado un poco?», «¿Qué vestido es ese? ¡Parece un saco!», «No tienes ninguna maña con tus hijos»... Nos llueven las críticas de nuestra madre; nosotros las recibimos, nos callamos, pero nos sentimos heridos... Raramente nos hace un cumplido.

A veces, la antigua rivalidad entre madre e hija se despierta o se acentúa con la vejez. Las madres muy narcisistas no aceptan el envejecimiento y la degradación de su imagen. Despreciando a sus hijas, más jóvenes y guapas, estas madres intentan revalorizarse. Entonces, en lugar de alegrarse por sus éxitos, hacen de todo un tema de crítica recurrente debido a lo difícil que les resulta aceptar que sus hijas conservan todavía lo que ellas ya han perdido. Si hemos tomado suficiente distancia como para no sentirnos afectados por las críticas de nuestra madre, podemos dejar correr el tema... Si no, no debemos responder en la misma línea: «¡Qué hablarás tú, que has engordado 10 kilos en tres años!». Tal vez con esto esperamos que se dé cuenta del efecto que pueden tener sus reproches, pero es tiempo perdido. También es inútil juzgar sus propósitos respondiéndole que no es muy amable: seguramente ella no está en situación de entenderlo. Es preferible que le digamos el efecto que tienen sus palabras, que le expliquemos lo que sentimos cuando nos habla así (véase el capítulo 8). Pero, una vez más, todo depende de nuestra historia pasada y de la forma en la que estamos acostumbrados a hablar con nuestra madre...

• Podemos utilizar también la «técnica del edredón»:

Nuestra madre: «¿Qué jersey es ese? ¿Lo has encontrado en el desván?».

Nosotros: «No exactamente. ¿Por qué piensas eso?».

Nuestra madre: «Está deformado y lleno de bolas».

Nosotros *(edredón)*: «Es posible».

Nuestra madre: «¡Sí que está viejo!».

Nosotros *(edredón)*: «Tal vez. Me gusta cuando no se ve recién estrenado».

Nuestra madre: «¡Tienes unos gustos rarísimos! Yo no te he educado así».

Nosotros *(edredón)*: «Es posible, pero es tu opinión».

• Finalmente, podemos emplear la «técnica del pato»:

El pato no puede impedir que llueva, pero desarrolla técnicas para mojarse menos, como impermeabilizar sus plumas, por ejemplo... Todo resbala sobre él... ¿Una forma de tomar distancia? Cuando nuestro

progenitor nos abrume con críticas negativas, opon-
gamos a esto un «anclaje positivo», que consiste en
que rememoremos, en nuestro interior, un éxito recien-
te: el día en el que se nos felicitó por nuestra interven-
ción en una reunión, ese comentario de nuestro
amigo que piensa que nuestra madre no nos merece... Todos estos pensamientos positivos nos permitirán resistir su táctica de desvalorizarnos.

Me siento culpable frente a mis padres y ante mi familia

¿Cómo resistir la mirada de nuestra madre, que ya
no tiene fuerzas para hacer sus recados? ¿Cómo no
invitar a nuestro padre todos los domingos, aunque
eso nos ocasione una sobrecarga de trabajo, si nos
dice con tristeza: «Me siento solo...»? Por otra parte,
nuestra pareja está harta de vernos agotados pre-
parándole las comidas, llevándolo de un lado a
otro, haciéndole la colada... Nuestro hijo está un
poco triste porque no hemos ido a verle a su partido
de baloncesto, pues no podíamos dejar a nuestro
padre solo... Nos sentimos acorralados entre nuestra
familia y nuestro padre, que envejece y se hace

cada vez más exigente. Nos gustaría aflojar un poco el ritmo, hacer menos cosas, pero la culpabilidad puede con nosotros. Esta a menudo nos hace actuar por encima de nuestras posibilidades: no deja de repetirnos que nuestro padre es mayor, que nuestro deber es hacer todo lo que podamos para ayudarlo. Por lo tanto, es fundamental que tengamos claro hasta dónde podemos llegar porque, por encima de nuestras posibilidades, nos arriesgamos a entrar en un círculo vicioso: hago demasiado, me vuelvo irritable; me reprocho estar agresivo con mi padre, tan dependiente y vulnerable; entonces, todavía hago más para acallar mi culpabilidad. Es importante que aprendamos a conocer y respetar nuestros límites, y a aceptar quiénes somos. El hecho de actuar en nuestra contra acabará por crear problemas de relación: se acumula lo que no decimos, el cansancio y los resentimientos inconscientes, y la relación puede deteriorarse poco a poco. La edad y la dependencia (si la hubiera) no dan todos los derechos a nuestros padres: nosotros también tenemos derecho a nuestra propia vida, a estar cansados y a descansar, aunque ellos se quejen de que no reciben visitas.

Debemos enfrentarnos a nuestro sentimiento de culpabilidad desde el principio. Es importante que nos preguntemos qué nos lleva a ocuparnos tanto de nuestro padre. ¿Nos sentimos deudores de lo que hemos recibido de jóvenes? ¿Queremos, inconscientemente, hacernos perdonar algo? ¿Esperamos obtener a cambio la atención y el amor que no hemos tenido? ¿Estamos cediendo a la presión del entorno o a la presión social, que tiende a culpabilizar a los hijos que no se ocupan lo suficiente de sus padres? A continuación, nos preguntaremos qué queremos hacer verdaderamente, qué nos sentimos obligados a hacer, los costes en tiempo, en disponibilidad, en energía, en posibles peleas con nuestra pareja, en frustraciones para nuestros hijos, y en qué aspectos nuestra decisión puede ser una fuente de sufrimiento para nuestro padre. Mantengamos el diálogo con nuestra pareja y con nuestros hijos para implicarlos en las decisiones que debemos tomar y mostrarles así su importancia. Intentemos encontrar un justo equilibrio entre nuestro deseo y la dirección de nuestros actos.

Preguntémonos si hay una obligación real y si verdaderamente no hay otra alternativa. Siempre que nos sintamos culpables, recordemos esta bonita frase de un mayor que vivía en una residencia de ancianos: «Hacer lo que se puede es hacer lo que se debe».

Cuando el carácter se vuelve difícil con la edad

En cuanto a nuestro padre, que sólo nos reclama a nosotros aunque seamos tres hermanos y que no nos muestra nunca el menor agradecimiento, podemos decirle: «Me aliviaría un poco si pidieras a mis hermanos que te atendieran. Me gustaría que me dieras las gracias de vez en cuando». Tomemos un poco de distancia delicadamente pero con firmeza. Podemos ponerle las cosas claras y establecer nuevos acuerdos comunes: recurrir a la ayuda a domicilio, hacer menos visitas pero más llamadas de teléfono... Tal vez se lo tome a mal en un primer momento. Entonces, le explicaremos por qué podemos asumir algunas tareas, y por qué no podemos afrontar más. Debemos tomar conciencia de que nosotros también existimos, y que nuestro progenitor, por muy débil y discapacitado que esté, debe respetarnos, a nosotros y a nuestra propia vida. Esto es, en cualquier caso, una mejor garantía de disponibilidad para los momentos que pasaremos con él.

Mi padre vive en mi casa y lo llevo mal

Hay momentos en los que nuestra madre nos irrita, nos pone muy nerviosos. Es tan lenta que casi nos entran ganas de zarandearla. Verla dormitar todo el día en el sofá nos resulta difícilmente soportable. Nos duele un poco no saber disimular nuestro disgusto cuando se ensucia al comer porque es hemipléjica. Ya no soportamos repetir la misma cosa por décima vez en menos de media hora. Sus comentarios sobre el comportamiento de nuestro marido o de nuestros hijos cada vez nos ponen de peor humor. En resumen: comenzamos a desmoronarnos. Cuando aceptamos que nuestro padre se instalase en casa, tal vez no valoramos bien las consecuencias de esta convivencia de larga duración. Tal vez también su salud se haya degradado, o su carácter se ha agriado desde que convive con nosotros. No debemos avergonzarnos por sentir cierta agresividad, pero esta debe servir como señal de alerta. No dejemos que las dificultades se instalen ignorando lo que sentimos. No renunciemos a consultar a un psicólogo o a un psicoterapeuta si pensamos que eso puede ayudarnos a entender mejor nuestras reacciones. Sea lo que sea, si la situación se vuelve demasiado penosa, habrá que valorarla de nuevo —con los otros miembros de la familia o con un profesional—, para buscar otra solución o una nueva distribución de las tareas.

Lo esencial

La culpabilidad a veces nos hace actuar sin reflexionar. Antes de ponernos a hacer demasiadas cosas por nuestros padres, preguntémonos qué impacto tendrá esta implicación en nosotros y en qué cambiará nuestra vida.

No esperemos a estar totalmente agotados para encontrar otras soluciones, y recurramos a otros miembros de la familia o incluso a ayudas remuneradas.

Si nuestra madre nos acosa por teléfono, pongámosle límites claros para no dejarnos invadir.

Frente a las críticas constantes, adoptemos la «técnica del pato», que nos permite impermeabilizarnos y, por tanto, distanciarnos.

Capítulo 7

Se va a una residencia de ancianos

Mudarse a una residencia de ancianos es una decisión difícil de tomar. A veces nuestros padres lo piden ellos mismos, pero, lamentablemente, casi siempre es la dependencia física o psíquica de estos lo que lleva a considerar este traslado.

«Sobre todo, nunca me lleves a una residencia de ancianos»

Cuando nuestro padre estaba lúcido, en plenas facultades, o incluso cuando comenzó a sentir que sus capacidades disminuían, no cesaba de repetirnos: «Sobre todo, nunca me lleves a una residencia de ancianos». Tal vez siempre hemos evitado responder, diciéndonos que ya se vería llegado el momento. O, incapaces de afrontar la posible dependencia de nuestro padre, o incluso ante su insistencia para que nos comprometiéramos, le hemos prometido que nunca haríamos eso, que lo acogeríamos en nuestra casa si fuera necesario... Pero la situación ha cambiado: hemos recurrido a los servicios de ayuda a domicilio mientras ha sido posible, pero, en la actualidad, parece que no queda otra alternativa que el ingreso en una residencia. Hemos hablado con su médico y con profesionales que comparten nuestra opinión, pero nos sentimos atados por nuestra promesa... Sólo nos queda poner en peligro nuestra propia salud o nuestro equilibrio psicológico aceptando que venga a nuestra casa por fidelidad a esa promesa. No hay otra salida para nosotros que la autenticidad y la verdad. Expliquémosle que éramos sinceros cuando nos comprometimos, que pensábamos que podríamos hacerlo, pero entonces no nos hacíamos una idea de la situación actual, no podíamos saber con certeza de qué seríamos capaces y qué nos sería posible asumir. Expliquémosle las razones que nos llevan a buscar un lugar de acogida donde puedan ocuparse correctamente de él, y que contemple el aspecto médico. Confirmémosle nuestro afecto y digámosle que iremos a verlo regularmente, ¡pero solamente si sabemos a ciencia cierta que lo haremos!

Si nuestro padre aún no había abordado nunca la cuestión, pero de pronto nos pide que le prometamos que nunca lo llevaremos a una residencia de ancianos, hablemos con él sobre lo que consideraría como solución en el caso de que se volviera demasiado dependiente como para quedarse en casa. Si nos pide que hagamos promesas que comprometan nuestro futuro, respondámosle honestamente que no podemos prever de qué seremos capaces en unos años, pero asegurémosle que haremos todo lo posible para que él esté bien. Insistámosle en lo que estamos dispuestos a hacer en el presente, aunque se desilusione. Esta actitud franca es preferible: porque, si más adelante no pudiéramos sostener nuestras promesas, nuestro progenitor se enfrentaría a una gran frustración y sufrimiento.

«Me habías prometido que te ocuparías de mí hasta mi muerte»

En el registro de promesas, hay unas que son todavía más difíciles de controlar: las que hacemos a nuestro padre agonizante. Este, en su lecho de muerte, nos ha pedido, con sus últimas fuerzas, que cuidemos a nuestra madre y nos ocupemos de ella hasta el final. ¿Cómo no decir en esas circunstancias: «Sí, papá, te lo prometo«? Es una situación extremadamente difícil y dolorosa. Pero nada es más terrible que la palabra dada a un muerto; si no la mantenemos, no podremos explicarle las razones y nos arriesgamos a vivir con esos remordimientos y con esa culpabilidad muchos años. Por ello, por muy difícil que resulte en esas circunstancias, es preferible para todos la sinceridad y la verdad. Lo mejor será que prometamos ocuparnos de ella, pero en la medida en que podamos, precisando que tal vez sea difícil, según las circunstancias, hacernos cargo de ella hasta su muerte, y no porque nuestro padre esté muriéndose debemos dejar de decirle la verdad. Asegurémosle lo que sí es cierto: nuestro amor por él y nuestra voluntad de hacer todo lo que podamos. ¿Que esto es más fácil en la teoría que en la práctica? Sin duda; el peso de la deuda frente a los padres es enorme, y la gravedad de la situación y las intensas emociones que esta remueve también. Por ello, es muy importante que hablemos con nuestros padres sobre el futuro con antelación, y esto tampoco es tarea fácil, pues supone que unos y otros aceptan el envejecimiento, y la posibilidad de la enfermedad y la dependencia...

Una decisión madurada

En el mejor de los casos, es deseable hablar con los padres, mientras estos conservan todas sus facultades, acerca de lo que desean para el futuro en el caso en que se vuelvan dependientes. Pero este tema no es fácil de abordar cuando todo va bien. En todo caso, la posibilidad de ingreso en un centro (residencia de ancianos, piso tutelado...) debe ser cuidadosamente reflexionada, madurada y hablada con el afectado, y comprendida si ha sido él quien ha tenido la iniciativa. Si bien en algunas situaciones urgentes esta reflexión previa no es posible, en los demás casos conviene una evaluación conjunta de los factores médicos, sociales y psicológicos con la ayuda de profesionales, con el fin de valorar todas las soluciones y de elegir aquella que, aunque no sea la ideal, sea la menos mala. Hay centros donde pueden asesorarnos y ayudarnos en las decisiones delicadas y a menudo dolorosas para todo el mundo (véase «Direcciones útiles»).

Cuando el carácter se vuelve difícil con la edad

Sea cual sea la edad de nuestro progenitor, men-
tirle diciéndole, por ejemplo, que va a estar en un
centro de rehabilitación durante uno o dos meses,
«el tiempo de recuperar la salud», cuando se sabe
muy bien que este carácter eventual no está tan
claro, no es bueno. Si actuamos así está claro que lo
hacemos con las mejores intenciones del mundo, en
un intento de evitar un rechazo categórico, pero
debemos saber que no hacemos más que retrasar el
problema; nuestro padre puede sospechar algo y la
confianza que tiene en nosotros puede resquebra-
jarse. No olvidemos que lo esencial de la comunicación está en el lenguaje no verbal y que este no
miente nunca, aunque con las palabras puede
decirse lo contrario. Pero no nos engañemos: es ilu-
sorio pensar que la información y la discusión previas
conducen siempre al consentimiento. Seguramente
vamos a sufrir durante semanas el enfado de nuestro
padre desde el momento en que intentamos hablar
de la residencia de ancianos, o simplemente de la
ayuda a domicilio. Todos nuestros esfuerzos pueden
saldarse con unos momentos muy dolorosos donde
pasa de todo: acusación de abandono, culpabiliza-
ción («¡Después de todo lo que he hecho por ti!»),
amenazas («¡De todas formas, me escaparé!») e

incluso el chantaje del suicidio. No debemos dudar en acudir a profesionales, y entre ellos el psicólogo del centro en el que va a residir nuestro padre.

Lo esencial

Es imprescindible que preparemos a nuestro padre para un ingreso en una residencia de ancianos, y que no le contemos historias haciéndole creer que será algo provisional si no lo es.

Las promesas que se hacen «a la ligera» engendran a menudo una culpabilidad tremenda. Será mejor que hablemos antes de hacernos cargo de nuestro padre si no nos sentimos capaces.

Si la situación es muy dolorosa para nosotros, consideremos la ayuda de profesionales, incluyendo el psicólogo del centro donde residirá nuestro padre.

Capítulo 8

Cómo entenderse mejor

Cuando el carácter de nuestros padres se vuelve difícil, la comunicación con ellos a menudo es mala. He aquí algunos trucos para alejar los conflictos y continuar manteniendo una óptima relación.

Apostar por la autenticidad

Ya lo hemos visto: resulta inútil adoptar un comportamiento si no se siente verdaderamente; no sirve de nada que les digamos a nuestros padres que los queremos si no es así, o que nos mostremos encantados de que vengan el domingo si teníamos ganas de ir a casa de unos amigos. ¿Por qué? Porque el 80% de los mensajes afectivos no pasan por las palabras, sino por los gestos, la entonación, la mímica... Incluso cuando nos esforzamos en permanecer lo más neutros posible, los sentimientos profundos siempre son revelados por el lenguaje no verbal, que es imposible de controlar totalmente. Para ver mejor esto, podemos poner el ejemplo de una lengua extranjera: cuando escuchamos a alguien hablar en una lengua que no conocemos, podemos decir si está enfadado, si responde con desgana o si está distraído. Algunas veces, entre lo que se dice y lo que se siente hay todo un mundo, muy bien percibido por nuestro interlocutor y fuente de numerosos malentendidos. Pero no siempre nos resulta fácil hacer coincidir las palabras con las emociones, porque tenemos miedo de causar sufrimiento, de enfadarnos, de pasarnos. Por tanto, es necesario que revisemos nuestra forma de expresarnos teniendo en cuenta nuestras emociones.

Decir lo que se siente en el momento en que se siente

Para poder transmitir un mensaje sincero, es necesario que antes seamos claros con nuestras emociones, que no las escondamos bajo pensamientos parásitos que enmascaran lo que sentimos. Un ejemplo: nuestra madre llega tarde, como de costumbre, a su cita con nosotros, y eso nos molesta mucho. En lugar de hacer como si nada o de murmurar: «De todas maneras, aunque se lo diga no cambiará nada», de echarle indirectas («Las tiendas cerrarán pronto»), o incluso de pensar: «Lo hace a propósito», cosas todas estas que no nos quitarán la rabia, lo mejor es buscar la ocasión de decirle lo que sentimos, siempre en primera persona. He aquí un ejemplo de diálogo constructivo:

«Estoy enfadada porque llegas tarde» = expresión de lo que sentimos.

«Pensaba ir a buscar mi vestido y ya no nos da tiempo» = consecuencia de su retraso.

«La próxima vez, ¿qué podemos hacer para que llegues puntual? Paso a buscarte o papá te deja en la boca del metro...» = búsqueda de soluciones.

Nuestra madre puede justificarse, decir que ha dado vueltas una hora para encontrar aparcamiento... Sí, puede ser, pero nosotros le hemos dicho lo que sentíamos y nos hemos aliviado de nuestro resentimiento. No podemos intervenir en las reacciones de los demás, pero tenemos toda la libertad de acción sobre nuestro propio comportamiento...

Hablar para entenderse

El problema con los padres es que, muy a menudo, decimos «sí» cuando pensamos «no». Veamos un ejemplo: nuestro padre quiere venir a casa el próximo fin de semana, y no estamos de acuerdo.

• **Para ser entendidos:**
— Expresémosle claramente que no es posible y expliquémosle nuestras razones.
— Seamos empáticos: «Comprendo que estés triste».
— Reafirmemos nuestra postura: «Es imposible».
— Sugiramos un compromiso: «Pero, otro fin de semana, si quieres...».

• **Ahora, comparemos esto con las fórmulas siguientes:**
«No hay nada más que hablar» = respuesta agresiva.
«Es muy complicado» = no se da una explicación.
«Con tu mal carácter, ni hablar» = falta de empatía.
«No, y punto» = falta de compromiso.

• **También podemos usar el no «suave»:**
Nosotros: «Bien, eso no va a ser posible».
Nuestro padre: «¿No me quieres en tu casa?».
Nosotros: «Sí, sí, no es eso, pero...».

Aquí vamos muy mal encaminados porque simplemente rechazamos la discusión, pero no hemos arreglado el problema. Cuando un padre no quiere escuchar, los especialistas de la comunicación sugieren utilizar la técnica del «disco rayado». ¿En qué consiste? En repetir su punto de vista sin desviarse, persistiendo en la misma dirección, se diga lo que se diga.

• **Un ejemplo:**

Nuestro padre: «Sí, pero yo tengo ganas de ir».

Nosotros: «Ya lo sé, pero ya te he explicado por qué no era posible...».

Nuestro padre: «Entonces, ¿no quieres vernos?».

Nosotros: «Sí, y comprendo que estés decepcionado, pero no es posible en esta fecha».

Respetar a nuestros padres

No hay nada más molesto que ver a los adultos dirigiéndose a sus padres como si fueran niños. Aunque su situación de dependencia pueda recordar la de los niños, nuestros padres tienen unas vivencias que no permiten en absoluto realizar comparaciones. Cuando un progenitor presenta alguna discapacidad podemos vernos tentados a darle órdenes, hacer las cosas en su lugar, no implicarlo en las decisiones que le conciernen... Todas estas actitudes son muy humillantes para él, que ya tiene una mala imagen de sí mismo y ahora sólo puede sentirse degradado con nuestra actitud. Por tanto, debemos estar muy atentos y ofrecerle ayuda sin precipitarnos a hacer las cosas en su lugar, bajo el pretexto de que así se harán mejor o más rápido. No debemos olvidar considerar siempre su opinión y mostrarle nuestro respeto. Para envejecer serenamente, nuestros padres, más que nunca, tienen necesidad de esto.

Lo esencial

Para transmitir un mensaje auténtico, primero debemos ser claros con nuestras emociones, no esconderlas en pensamientos parásitos que enmascaran lo que sentimos.

Cuando un progenitor presenta alguna discapacidad, podemos vernos tentados a darle órdenes, a hacer las cosas en su lugar... Todas estas actitudes son muy humillantes para él.

Conclusión

A menudo, la vejez de nuestros padres constituye una prueba tanto para ellos como para nosotros. Cuanto más mayores se hacen, más dependientes se vuelven, y más necesario resulta encontrar la justa distancia para conservar nuestro equilibrio personal sin dejar de ayudarlos y quererlos.

Si intentamos mantenernos lo más cerca posible de lo que sentimos cuando no estamos con ellos, conservaremos —o descubriremos— una relación más auténtica, más rica, más cálida con nuestros padres, en esta última etapa de su vida. Esperamos que este libro sea de ayuda.

Bibliografía

BELOT, A., y J. CHABERT, *Vivre le grand âge de nos parents,* Albin Michel, 2004.

CLÉMENT, J.-P., y N. DARTHOUT, *Guide practique de psychogériatrie,* Masson, 2002.

DELAHAIE, P., *Être la fille de sa mère et ne plus en souffrir,* Marabout, 2002.

DÍAZ-PLAJA, FERNANDO, *El arte de envejecer,* Ediciones Nobel, 1995.

ELIACHEFF, C., y N. HENICH, *Madre-hijas: una relación de tres,* Algaba Ediciones, 2002.

FILLIOZAT, I., *¿Qué me está pasando?: las emociones que nos afectan cada día,* Ediciones Mensajero, 2003.

FORWARD, S., *Parents toxiques, comment se libérer de leur emprise,* Marabout, 2002.

GONZÁLEZ RODRÍGUEZ, BEGOÑA, y MIGUEL ÁNGEL RUIZ CARABIAS, *Cómo mantener una buena salud mental: guía de ayuda para personas mayores,* Editorial Síntesis, 2004.

ORAZZO, M., *Comment vivre une retraite heureuse, les cinq étapes clés,* InterEditions, 2004.

RODRÍGUEZ DÍAZ, JOSÉ ANTONIO, *Envejecimiento y familia,* Centro de Investigaciones Sociológicas, 1994.

SARAUX, DR. A., *Mes parents vieillissent, comment les aider à bien vieillir,* Bonneton, 2004.

Direcciones útiles

Asociación de Ayuda al Anciano sobre Residencias

Facilita la búsqueda de plazas en residencias geriátricas, así como información sobre diversos temas (incapacidad de mayores, malos tratos, subvenciones, centros de día, etc.).
Plaza Batallas, 10, 2.º M
47005 Valladolid
Tel.: 983 29 15 60
Correo electrónico: ayudaalanciano@hotmail.com

CEAFA (Confederación Española de Familiares de Enfermos de Alzheimer y otras Demencias)

C/ Pedro Alcatarena, 3
31014 Pamplona
Tel.: 902 17 45 17
Fax: 948 26 57 39
Correo electrónico: alzheimer@cin.es

Fundación ACE

Unidad de diagnóstico de trastornos cognitivos y de la conducta, unidad de memoria, y hospital y centro de día terapéutico.
C/ Marqués de Sentmenat, 35-37
08014 Barcelona

Tel.: 93 430 47 20
Fax: 93 419 35 42
Correo electrónico: ace@fundacioace.com

Teléfono de la Esperanza

Es una organización no gubernamental (ONG) que ofrece, de manera totalmente gratuita, anónima y especializada, un servicio permanente de ayuda por teléfono o presencial para apoyar a las personas que se encuentran en situación de crisis emocional; asimismo proporciona una serie de recursos profesionales eficaces para promover la mejora de la calidad de vida emocional de las personas y de las familias.
C/ Francos Rodríguez, 55. Chalé 25
28039 Madrid
Tel.: 91 459 00 62
Fax: 91 459 04 50
Página web: www.telefonodelaesperanza.org
Correo electrónico: asites@telefonodelaesperanza.org

PORTALMAYORES

http://www.imsersomayores.csic.es/general/index.html

Portal de Internet especializado en gerontología y geriatría desarrollado por el Consejo Superior de Investigaciones Científicas (CSIC) y el Instituto de Mayores y Servicios Sociales (IMSERSO).

CSIC/Equipo Portal Mayores
C/ Pinar, 25
28006 Madrid
Tel.: 91 411 10 98 (ext. 209)
Fax: 91 562 55 67
Correo electrónico: mayores@ieg.csic.es

IMSERSO/Subdirección General de Planificación,
Ordenación y Evaluación
Avda. de la Ilustración, s/n, con vuelta a Ginzo de
Limia, 58
28029 Madrid
Tel.: 91 363 85 26
Fax: 91 363 89 42
Correo electrónico: opm.imserso@mtas.es

Índice

Cuando el carácter se vuelve difícil con la edad

DR. PATRICE HUERRE Y LAURENCE DELPIERRE
¡No me hables en ese tono! - ¿Cómo reaccionar?

DR. PATRICK BLACHÈRE Y SOPHIE ROUCHON
Pequeñas infidelidades en la pareja - Tolerancia o ruptura

CHRISTINE BRUNET Y NADIA BENLAKHEL
¿Hasta cuándo durará esa rabieta? - Cómo calmarlos sin ponerse nervioso

GÉRARD CHAUVEAU Y CARINE MAYO
Le cuesta aprender a leer - ¿Cómo ayudarlo?

DRA. MARIE-CLAUDE VALLEJO Y MIREILLE FRONTY
¡Para empezar, tú no eres mi madre! - ¿Qué lugar debe ocupar una madrastra?